U0620255

 集人文社科之思　刊专业学术之声

集 刊 名：中国第三部门研究

主办单位：上海交通大学国际与公共事务学院
　　　　　上海交通大学中国公益发展研究院
　　　　　上海交通大学第三部门研究中心

主　　编：徐家良

Vol.18 CHINA THIRD SECTOR RESEARCH

第18卷

集刊序列号：PIJ-2015-157

中国集刊网：www.jikan.com.cn

集刊投约稿平台：www.iedol.cn

中文社会科学引文索引（CSSCI）来源集刊

上海交通大学国际与公共事务学院
上海交通大学中国公益发展研究院
上海交通大学第三部门研究中心

中国第三部门研究

徐家良／主编

CHINA
THIRD SECTOR
RESEARCH

第 18 卷
Vol. 18 (2019 No.2)

社会科学文献出版社
SOCIAL SCIENCES ACADEMIC PRESS (CHINA)

主编的话

值《中国第三部门研究》第 18 卷出版之际，有必要回顾上海交通大学中国公益发展研究院、第三部门研究中心自 2019 年《中国第三部门研究》第 17 卷出版以来在举办和参加学术会议、智库建设、科研和社会服务方面做的工作，概括为以下十一件事。

第一件事，在西安举办培训班。6 月 27～28 日，由陕西社会组织服务中心主办，上海交通大学中国公益发展研究院、上海联劝公益基金会"中西部公益人才支持行动"支持的"陕西省本级行业协会商会负责人培训班"在陕西西安举办。培训班邀请我及其他专家为学员授课。

第二件事，赴浙江象山参观考察。7 月 3 日，上海交通大学国际与公共事务学院教授、中国公益发展研究院院长、民政部政策理论研究基地上海交通大学主任徐家良一行到浙江象山益园参观，调研象山县社会组织推进经济社会发展的情况。

第三件事，双周论坛邀请专家做讲座。7 月 8 日，美国宾夕法尼亚大学社会政策与实践学院副教授郭超应邀在徐汇校区新建楼 237 会议室做了题为"学术规范与文章发表"的学术报告，此次是第三部门双周论坛第 57 讲。7 月 15 日，中共中央党校赵虎吉教授应邀在新建楼 237 会议室做了题为"新科技革命的历史性机遇和挑战"的学术报告，此次是第三部门双周论坛第 58 讲。赵虎吉教授从历史趋势、特征表现、中国优势和迎接策略四方面介绍了当今世界所面对的新科技革命这一浪潮。

第四件事，参加社区基金会会议。9 月 1 日，上海交通大学中国公益发展研究院院长、国际与公共事务学院教授徐家良出席 2019 社区基金会广州峰会。徐家良讲了六个方面的共识。第一，社区基金会既是基层社区慈善的有机组成部分，也是社会组织的一部分，与其他社会组织不同，社区基金会具有财产运作的特点。第二，社区基金会是整个社会共同的事业。第三，社区基金会专业化、职业化和信息化的运作很重要。第四，社区基金会要做出自己的特色，每个社区基金会都有不同角度的美。第五，社区基金会的地位和作用很独特，社区基金会是社会组织重塑政府、企业、社会关系的非常重要的一环，是中国社会主义现代化建设的重要力量。第六，社区基金会本身没有多少资源，要学会向外部借力，要树立三个"信"，一是信仰，二是信任，三是信心。社区基金会通过自身的努力，可以在社会上赢得自身的地位，为社会创造特有的价值。

第五件事，在《中国社会报》上发表文章。9 月 5 日在《中国社会报》上发表对于互联网公益的看法的文章。上海交通大学国际与公共事务学院教授、中国公益发展研究院院长、中国城市治理研究院研究员徐家良提出互联网公益发展趋势与"四化"建设密切相关的观点。互联网公益发展前景乐观，它的发展趋势与"四化"建设有密切的关系。第一，互联网公益制度化建设。互联网公益要健康发展，首先需要加强制度建设，需要一系列的制度规范来约束人们的行为，鼓励更多的人参与互联网公益。第二，互联网公益行业组织化建设。互联网公益是一项新的事业，面临着诸多的行业问题，需要加强互联网公益行业组织建设，成立互联网公益行业组织，降低政府治理成本，发挥互联网公益行业组织的积极功能。第三，互联网公益募捐平台化建设。从 2016 年开始，民政部先后遴选指定两批 20 家慈善组织互联网公开募捐信息平台，要求政府有关部门采取必要的监督评估手段，汰劣奖优。第四，互联网公益"三圈"互动化建设。政府圈、企业圈和社会组织圈各自有不同的独特资源，相互无法替代，这就要求互联网公益借助这三个"圈"的力量，把互联网公益做大做强。

第六件事，集刊进入 C 类培育项目。9 月 17 日，上海交通大学期刊中心在徐汇校区包兆龙图书馆举行上海交通大学期刊学术影响力提升计划评审，共 43 种期刊参与了现场评审。评审过程中，与会专家分别为各类期刊按照侧重要求、期刊现状及发展目标进行综合评分，并共同商讨资助计划的具体实施细则。《中国第三部门研究》入选，被评为 C 类培育项目（新办期刊）。

第七件事，举行社区基金会育成仪式。10 月 12 日，上海交通大学中国公益发展研究院与上海市徐汇区民政局共同举办的徐汇区社区基金会秘书长育成计划启动仪式暨培训班开班仪式在徐汇校区举行。徐汇区社区基金会秘书长育成计划，是上海交通大学中国公益发展研究院与徐汇区民政局共同策划实施的一项社区基金会人才培育计划，旨在推动社区基金会可持续发展。

第八件事，颁发研究生奖项。10 月 12 日，上海交通大学仁泽公益优才项目捐赠仪式暨仁泽公益优才研究生奖学金颁奖仪式在上海交通大学徐汇校区新建楼举行。本次评奖活动，设立由 4 人组成的评奖委员会，在 21 个申请者中，分别评出一等奖 1 人，二等奖 4 人，三等奖 2 人，其中博士生 6 人，硕士生 1 人。

第九件事，给居委会主任讲课。10 月 23 日，上海交通大学中国公益发展研究院院长、国际与公共事务学院教授、上海长三角社会组织发展中心理事长徐家良应邀给奉贤区居委会主任做了题为"社会治理法律政策解读"的讲座。

第十件事，荣获优秀集刊。10 月 26 日，由社会科学文献出版社与西南政法大学联合主办，以"学术集刊与学术诚信建设"为主题的第八届人文社会科学集刊年会在重庆召开。社会科学文献出版社发布 2019 年度优秀集刊名单。《中国第三部门研究》等 20 种集刊入选 2019

年度优秀集刊。这是对《中国第三部门研究》创刊九年来的高度肯定与认可。

第十一件事，参加广州社会组织年会。10 月 29 日，应邀参加第五届广州社会组织研究年会，徐家良教授在会上做了主旨演讲，通过中国政社关系的历史回顾与过程演变，分析政社关系的形式与内容变化、社会组织制度创新所遇到的困境，讨论社会组织政社关系的发展趋势。

通过梳理以上工作，上海交通大学中国公益发展研究院和第三部门研究中心做了不少实事，在国内外继续发挥积极作用。

本卷的论文，共有 6 篇。

第一篇论文由首都经济贸易大学城市经济与公共管理学院教授徐君、研究生李倩所写，题目为《养老服务的社会企业化发展：以"老龄英国"为例》。论文选取"老龄英国"（Age UK）作为案例，展开实证描述和研究。研究发现，该组织围绕"营收"与"公益"双向融贯这一主轴，串联居家、社区和地方等老龄生活场景，链接并激活政府、市场、社会、家庭和个人等各类资源，适时调整治理结构和运营实践，走出了一条社会企业化发展的可持续路径。

第二篇论文为南京理工大学公共事务学院副教授曲绍旭、江苏省社会工作协会主任李振鑫所写，题目为《岗位设置是否影响在职社工的离职意愿？——基于 M 市问卷调查的分析》。论文通过对 M 市的实证分析发现，要通过加强岗位培训的针对性、提升岗位和技能的匹配程度、明晰岗位职责的边界等措施来减少岗位设置带来的负面影响，降低在职社工的离职率。

第三篇论文由青岛大学政治与公共管理学院讲师王猛、清华大学公共管理学院教授邓国胜所写，题目为《日本城市近郊农村混住社会的治理模式及其对中国的启示》。论文通过案例分析后发现，日本城市近郊农村混住化的治理关键在于通过地域性居民组织的分化和整合，维持传统农村社会"私人领域"共同体特点，构建具有包容性和开放性的"公共领域"，实现新居民和原居民在共同空间领域的融合。

　　第四篇论文由上海交通大学教育发展基金会副秘书长、副研究员殷洁所写，题目为《中国高校基金会组织结构的优化策略研究》。论文通过文献研究和经验归纳发现，高校基金会组织结构与组织发展关系密切；提升筹资效率需要精干高效的专业团队；校长和首席筹款官是筹资团队中的关键少数个体；简化业务流程有助于提升筹资效率，根据发展阶段协同关键组织结构要素可以改进团队成效。高校需要提升筹资团队中关键少数的影响力，通过组织制度予以巩固和拓展，对组织结构进行分层调整，通过决策层、操作层和监督层的协同提升筹资效率。

　　第五篇论文由上海交通大学国际与公共事务学院博士后朱志伟所写，题目为《互联网参与社会治理的三重论域及转向》。论文通过调研发现，网络技术、政府结构与政治制度都是互联网参与社会治理的基本论域，蕴含着技术治理的实践逻辑与主体关系。为了确保互联网参与社会治理实效价值的持续性，需要不断推进数据化分析深度，拓展互联网参与社会治理的二次空间，利用信息化形塑"后科层制"组织结构，以多重评估精准对接技术供给与需求，推动制度变迁。

　　第六篇论文由华东理工大学社会与公共管理学院博士研究生高丽、副教授徐选国所写，题目为《第三方评估组织发展的结构性困境及其生成机制——基于对 S 市的经验观察》。通过分析 S 市政府购买服务项目评估领域五年的实践，发现第三方评估组织在理念、目标、使命以及行动逻辑等方面与第三域治理不谋而合，但是第三方评估组织在具体实践中却呈现多重偏离，使第三方评估组织沦为政府的"治理工具"而难以体现出独立、公正、客观的第三方属性。这需要通过重新明晰评估组织定位、保障合法性基础、提升专业化水准、增进社会认同与参与等措施，使第三方评估组织更好地发挥作用。

　　在六篇论文的基础上，还有书评、访谈录和域外见闻。

　　"书评"栏目由华东师范大学公共管理学院周俊教授所写，题目为《美国慈善业的历史演进与经验借鉴——〈美国慈善史〉》。作者对奥利维尔·聪茨（Olivier Zunz）教授于 2012 年出版的《美国慈善史》做出了评论。《美国慈善史》一书梳理了美国慈善业从 19 世纪末到 21 世纪初的发展历程，展现了美国"新慈善业"的兴起及其民主化进程、慈善业发展中慈善与政治关系的变化、慈善机构"寻求一个非营利部门"的努力，以及海外慈善战略从人道主义援助到建设"全球社区"的转变，讨论了慈善业在塑造"美国世纪"，尤其是在美国民主政治发展中的独特作用。

"访谈录"栏目中的"机构访谈"介绍了重庆江北飞地猫盟生态科普保护中心。这是一家以保护中国本土野生猫科动物为目标的非营利组织，该组织拥有专业的野外调查能力和丰富的社区工作经验，已成功将这些经验用于中国一些濒危猫科动物的发现和保护工作。

"人物访谈"访谈了西乡县妇女发展协会创始人。秦秀平曾任职于西乡县卫生计生部门和妇女联合会。西乡县妇女发展协会借助小额信贷这一金融创新手段与严格的管理制度流程，助力当地脱贫攻坚并促进妇女发展，产生了巨大的经济和社会效益，成为国内扶贫领域社会组织中的佼佼者。秦秀平获得了中国农村金融品牌价值榜品牌创新人物奖和"最美金牌讲师"等称号。

"域外见闻"栏目由上海交通大学国际与公共事务学院博士生梁家恩介绍了加拿大慈善组织的基本情况。慈善组织是维护加拿大社会稳定和缩小贫富差距的重要力量之一。加拿大形成了以慈善组织注册、税收优惠和接受资金支持为基础的制度框架。

上海交通大学文科建设处处长吴建南、副处长解志韬和高延坤，上海交通大学国际与公共事务学院代理院长胡近、党委书记姜文宁等领导对中国公益发展研究院、第三部门研究中心和《中国第三部门研究》集刊提供了强有力的支持和诸多的便利，这也是我担任上海交通大学国际与公共事务学院教授和上海交通大学中国城市治理研究院研究员的研究成果。从第十四卷开始，全部稿件来自作者自主投稿，论文质量越来越高，说明《中国第三部门研究》集刊得到了学术界较高的关注和肯定。

特别感谢社会科学文献出版社谢寿光社长、杨群总编辑的关心和胡庆英编辑的认真负责！

为了提高服务的水平，确保论文质量，编辑部团队充分发挥集体的智慧。《中国第三部门研究》将努力为国内外第三部门学术界、实务界和管理机构提供一个信息交流与平等对话的平台，倡导有自身特色的学术规范，发表创新性的论文，不懈追求对理论的新贡献。为了梦想，我们共行，我们一同成长！

徐家良

2019 年 11 月 2 日　于浙江嘉兴

内容提要

　　《中国第三部门研究》是中文社会科学引文索引（CSSCI）来源集刊，主要发表国家与社会关系、社会改革与创新、第三部门与地方治理、慈善公益和公民参与等方面的研究成果，本卷收录主题论文 6 篇、书评 1 篇、访谈录 2 篇、域外见闻 1 篇。主题论文涉及基于"老龄英国"案例的养老服务社会企业化发展、岗位设置对在职社工离职意愿的影响、日本城市近郊农村混住社会的治理模式及其对中国的启示、中国高校基金会组织结构的优化策略、互联网参与社会治理的三重论域及转向和第三方评估组织发展的结构性困境及其生成机制等研究。书评基于美国著名历史学家奥利维尔·聪茨（Olivier Zunz）所著的《美国慈善史》，探讨了美国慈善业的历史演进与经验借鉴。访谈录介绍了重庆江北飞地猫盟生态科普保护中心以大猫之名、守护山水自然的公益行为；专访了西乡县妇女发展协会，分析了社会创新助力贫困妇女脱贫的情况。域外见闻总结了加拿大慈善组织的发展及其对中国的启示。

目　录

主题论文

书　评

访谈录

域外见闻

主题论文

中国第三部门研究　第 18 卷
第 3~20 页
© SSAP，2019

养老服务的社会企业化发展：
以"老龄英国"为例*

徐 君 李 倩**

摘　要：英国是最先实现工业化和养老事业发展程度较高的国家之一，其养老服务组织的创新走在世界前列。本文选取其骨干性和典范性的养老服务组织"老龄英国"作为案例，展开实证描述和研究。研究发现，该组织围绕"营收"与"公益"双向融贯这一主轴，串联居家、社区和地方等老龄生活场景，链接并激活政府、市场、社会、家庭和个人等各类资源，适时调整治理结构和运营实践，走出了一条社会企业化发展的可持续路径，可为我国养老组织和养老事业的可持续发展提供一定的借鉴和参考。

---

* 基金项目：教育部留学回国人员科研启动基金资助项目"第三部门发展与街政治理变革"（项目编号：2012［1707］）、2019 年中央社会主义学院统一战线高端智库课题"新时代社会组织统战工作研究"（项目编号：ZK20190102）的阶段性成果。

** 徐君，首都经济贸易大学城市经济与公共管理学院教授，中国人民大学行政学博士，主要从事社会企业、社会组织、社会治理创新等方面的研究，E-mail：xuj@ cueb. edu. cn；李倩，首都经济贸易大学行政管理专业研究生，主要从事社会企业、公益慈善服务等方面的研究，E-mail：liqian2019@ yeah. net。

关键词:"老龄英国" 社会企业 养老服务 资源依赖

传统上,英国的养老服务体系主要由主管医疗服务的国家医疗卫生部(National Health Service)和主管社会服务的地方政府社会服务部(Social Service Department)两大体系共同负责。前者主要负责与医疗相关的服务,如初级医疗、老年医院、居家护理、社区心理卫生等;后者提供社会服务,如日间照护、生活照护等。在后现代和老龄化社会的背景下,老龄福祉的提升呈现精准化、精细化和专业化等特点,其对各类资源的需求大,对实践创新的要求高。英国自 20 世纪 90 年代开始在社会服务领域建立"准市场"机制,鼓励私营部门、非营利组织及新兴的社会企业充当直接服务提供者,政府则更多地充当政策制定、监督、评估以及购买服务的角色,养老服务体系由此呈现愈益多元化及市场化的特点。这其中,以"老龄英国"(Age UK)为代表的服务组织,以社会企业化方式动员、活化、转化养老资源,可持续性地提升服务效能,值得做一典型案例研究。

一 分析视角

英国贸易与工业部将社会企业看作为了实现社会目标而进行交易的企业,其财务盈余用于对社会事业和所服务社区的再投资,而不是分配给外部股东和企业所有者(赵萌,2009);其企业维度的内涵在于以市场原则为基础的治理结构、运营模式及其所具备的可持续收入机制。在福利国家危机的大背景下,英国社会公益组织的资源由原来主要依靠政府财政、私人和社会捐赠,向通过市场企业、政府部门等多元渠道发展,其社会企业发展也是这类组织自身适应外部环境变迁的结果(陈伟东、尹浩,2014)。可以说,组织与环境之间资源的相互依赖,是分析其运作与发展的一个恰当视角。

在组织理论的资源依赖派别看来,组织是一个开放的系统,处于其他各个组织构成的环境之中；组织与环境之间存在着各式各类的资源交换与相互作用，由此构成了组织的运行和发展。可以说，有关社会组织的这类观点，本质上就是有机化和生态化的观点。如果运用这一视角来分析包括养老服务在内的各类社会领域，则可以将其看成是各类相关组织及其相互间的资源交换、流动与作用而构成的社会生态网络；而作为实证对象的案例组织（本文中的"老龄英国"）则被作为组织生态网络中的焦点组织来研究。为了生存与发展，组织从外部环境中所需要获取的资源主要包括：（1）物质资源（企业中的原材料），包括资金支持和人力资源；（2）信息；（3）社会和政治方面的支持，即合法性的支持，组织与环境之间的资源交换被看作是联系组织和环境关系的核心纽带（费显政，2005）。从环境中获取的资源经过组织的转化机制即成为组织的内部资源和实现组织目标的能力。从规范的角度看，面对环境的复杂性和流变性，组织需要及时变革和调整自身结构、行为模式和战略战术，主动对环境进行管理，以有效达成组织存在的目的。从本案例的实证研究来看，"老龄英国"在社会企业化的运行与发展方面堪称典范。

二 "老龄英国"机构概况

"老龄英国"成立于 2009 年 2 月 25 日，4 月 1 日正式运行。该机构系由英国的"关爱老年人"和"帮助老年人"两大慈善机构合并而成，是目前英国社会照护领域最大的机构，也是英国社会企业参与养老的典范，其注册形式为私人担保有限公司。鉴于当时英国的老龄人口数量急剧增多，老龄化现象加剧，而公众的态度仍然停留在过去的时代，没有任何迹象表明企业或政府正在调整他们的工作方式来适应这种不断变化的现实，"关爱老年人"和"帮助老年人"两家慈善机构希望通过自己的方式去改变这种现象。这两个机构本身在数十年的为老服务中积累了相当多的实务经验和资源网络，但他们的大部分服务和产品存在着重复的现象，从提高效率和给老年人提供更好的生活质量的角度考虑，两个机构决定合并，共同努力通过服务变革达到目标（Mitchell, 2009）。

经过不懈的努力，英国数百万名老年人受到了"老龄英国"的关怀和照顾。以 2017 年为例，累计有 750 万老年人享受到信息和建议服务；超过 2500 名老年人受益于"老龄英国"推出的综合护理计划；"老龄英国"为老年人提供多种健身课程、交友服务、上网培训等，20000 多名老年人参与其中并受益，累计超过 150 万名老年人参与到网络活动中。此外，"老龄英国"还投身到国际慈善事业中，为 30 多个发展中国家提供长期发展计划和紧急救济，并代表老年人反对年龄歧视等（Age UK，2017b）。

三 "老龄英国"的服务内容

"老龄英国"对老年人的关怀周到全面，为老年人提供的服务几乎涵盖了生活的各个方面；为了能真正地让老年人生活得更好，"老龄英国"还不断创新其服务项目。

（一）一般性服务

1. 咨询与建议

Age UK Advice Line 是一项免费的、保密的国内电话咨询热线，拥有专业的顾问团队，对老年人及其家人、朋友、护理人员等免费开放，提供最可靠和最新的信息，每年帮助数百万人。提供的信息和建议主要围绕着老年人最关心的问题，如在经济和法律方面，涉及福利和权利、债务和储蓄、收入和税收、法律问题、养老金建议、欺诈和诈骗问题等；在健康和幸福方面，关心老年人的孤独状况、社会关系和家庭、病情和疾病、身体素质，关注老年人的身心发展，提供健康服务等；在老年人照护方面，帮助老年人安排护理、支付护理费用、选择住房以及保证居家安全等；在工作和学习方面，帮助老年人解决歧视和保障个人权利、为老年人提供教育和培训、协助老年人寻找工作、帮助老年人上网和学习技术；在旅行和爱好方面，为老年人提供生活杂志、帮助老年人安全驾驶、为老年人安排无障碍度假等。

2. 日常照护

"老龄英国"的网络遍及英国全境，老年人可以就近找到"老龄英国"提供的各项服务。在训练有素的工作人员和志愿者的支持下，"老龄英国"的日护中心为老年人提供一些实际帮助，在那里，老人们可以吃到热腾腾的午餐和茶点，得到流动超市、辅助洗浴、美容和足部护理等服务。组织各种适宜的活动，如唱歌和听音乐、温和的运动、艺术和工艺活动、一日旅行、早间咖啡、摄影俱乐部等，这些活动既可以提高老年人的生活质量，又可以帮助老年人结识新的朋友，减缓他们的孤独感。"老龄英国"提供的 IT 培训，旨在提高老年人的独立生活能力，他们仅需支付极少的费用就可获得该项服务。"老龄英国"还提供上门小修小补、家居安全、能源效率检查等服务，如安装窗帘轨、烟雾报警器、一氧化碳探测器、扶手、门窗锁、看门器、通风挡板、散热器热反射装置和节能灯泡等。这些服务都因地制宜，各具特色。在英国，有超过 85 万名老人患有阿尔茨海默症，也就是每 6 位 80 岁以上的老人中就有一人患有阿尔茨海默症，"老龄英国"为阿尔茨海默症患者及其照顾者提供社区支援服务，以改善他们的生活品质。

3. 孤独陪伴

"老龄英国"提供两种类型的友好服务。一是呼叫电话交友。"及时呼叫"是一个全国性服务项目，志愿者在约定的时间给老年人打电话聊天，老年人也可以被匹配给具有相似兴趣的人定期进行友好交谈；二是面对面交友。志愿者到家中探望，陪伴老年人喝茶聊天，或陪同老年人参加他们感兴趣的活动，以此来降低老年人的孤独感（Age UK，2018b）。

（二）创新性服务

除了日常的一般性服务，"老龄英国"为老年人提供一些创新性服务项目，旨在最大可能地提升老年人的生活质量。

1. 诈骗预防和受害者支持

老年人容易遭遇诈骗，英国年龄在65岁或以上的人中有53%成为诈骗者的目标，受害者的平均年龄最近已升至75岁。受害者生活质量和福祉会因此受到严重影响，出现焦虑、尴尬、抑郁、社会隔离以及健康状况下降等情况。为了有效应对这一问题，"老龄英国"在伦敦地区开展了诈骗预防和受害者支持项目。该项目与英国警方的防止诈骗行动处和伯恩茅斯大学（Bournemouth University）建立联合工作模式，由一家叫城市桥梁信托基金（City Bridge Trust）的组织资助，在2018年2月5日至2019年2月1日期间实施（Age UK，2017b）。

该计划由伦敦地区的四个"老龄英国"提供以下活动。（1）小组活动：小组活动涉及关于诈骗手段及如何预防的介绍和讲习班。这些活动向广大受众开放，包括老年人，他们的朋友、家人及那些与易受伤害老年人经常接触的人（例如在住房协会、医疗照护组织、地方当局社会服务团队工作的人以及全科医生等）。（2）一对一培训：在老年人家中，"老龄英国"会指派一名顾问对那些被认为易受伤害和有危险的老年人进行一次性的上门拜访（例如，他们独居、被孤立、已有健康问题、行动不便，因此无法参加小组活动）。（3）对诈骗受害者的一对一支持：针对目前或最近一直在应对诈骗的老年受害者，通过多次家访，"老龄英国"的顾问提供全面的一对一的支持，包括如何防止诈骗、如何停止响应、如何获取本地其他支持服务，如交友和社区活动，以及收入最大化的支持等。

另外，"老龄英国"还为老年人提供了两个有用的资源包。（1）诈骗预防和受害者支持工具包：下载与伯恩茅斯大学合作制作的诈骗预防和受害者支持工具包，该工具包提供有关诈骗的全面信息。（2）朋友反诈骗免费在线培训：通过参加朋友反欺诈意识会议或完成在线学习，任何人都可以了解不同类型的欺诈以及如何发现和支持受害者。随着反诈骗知识的增加和意识的增强，人们可以在日常生活中与家人、朋友和邻居就诈骗问题进行日常性的讨论，以更好地保护自己和他人。

2. 个性化综合照护计划

个性化综合照护是协调健康和社会照护服务的一种方式，针对的是那些具有多种长期疾病且随时面临意外住院风险的特定老年人群，为他们提供密切的符合其需求的服务。该项服务汇集了当地的"老龄英国"组织、当地的志愿组织及健康和护理组织的力量，共同设计并共同创造医疗和非医疗支持的新组合，帮助老年人达成他们的健康目标。通过个性化综合照护计划，"老龄英国"工作人员和志愿者成为具备多种能力的初级保健小组的成员，在当地社区和通过社区提供护理与支持，帮助老年人改善健康状况，重新获得有独立性的和有品质的生活。

"老龄英国"的个性化综合照护计划的途径是：使用风险分层来确定不同情况的老年人群；通过"有指导的谈话"，由"老龄英国"的个人独立协调员总结出老年人各自的最重要的健康目标；老年人和独立协调员一起制订照护计划，将健康、社会护理及志愿部门的服务结合起来，满足老年人方方面面的需要；根据计划，来自上述各部门的针对老人需要的服务将被提供，这些服务将老人重重"包围"；"老龄英国"志愿者被指派帮助老年人实现他们的目标；照护过程中，照护方案会定期被多学科小组审查；照护的保障和升级方案也被制定出来，以备在必要时及时有效地提供最恰当的医疗服务（Fullwood，2017）。

3. 家庭共享

英国共享家庭（Homeshare UK）是一家慈善机构，其理念是家庭共享，其运作模式是将一个有空余房间的老人与需求低成本住宿的人相匹配，"户主"可以换取每周最多十个小时的家务帮助（如购物、烹饪和园艺等）及减少孤独感的陪伴，"共享者"大多是年轻人，他们往往受高昂的房价压迫，借此可得到负担得起的住房，家庭共享同时促进了代际的沟通交流。家庭共享不属于个人护理服务的范畴，其匹配、审查、支持、监控和结束等均由英国共享家庭的专业人员负责。英国共享家庭在 2015 年 6 月设立了家庭共享合作伙伴计划，这是一项 200 万英镑的计划，由英国和威尔士劳埃德银行基金会和大彩票基金（Big Lottery Fund）资助，"老龄英国" 为了更好地为老年人提供服务，积极加入了这个计划，成为四个伙伴组织中的一员。伙伴组织跟英国共享家庭地方组织一起推进该计划的执行，刺激了英国部分地区家庭共享项目的增长；到 2018 年 3 月项目结束时，该计划已持续了 3 年，成功匹配了 28 对（"户主" 的平均年龄为 81 岁，"共享者" 平均年龄为 34 岁）；他们还制定了质量保证框架，这是一种检查方法，通过持续的监测、评估并收集相关信息，为家庭共享合作伙伴计划提供更好的方案，为"户主" 和 "共享者" 提供更适宜的匹配标准，持续地改进自己的服务。该框架以 "共享生活 +" 和 "家庭共享良好实践指南" 为基础，重点关注治理、实践和可持续运行相关的因素，这些因素将为安全有效的实践提供支持（Macmillan et al.，2018）。

4. "一个数字" 项目

"老龄英国" 的 "一个数字" 项目是由大彩票基金资助的，旨在支持数字排斥领域的老年人上网或发展他们的基本数字技能。对于老年人来说，拥有他们所需的数字设施、技能和信心对于享受包容和独立生活变得越来越重要，可以使他们能够与亲人保持联系，通过网上购物和追求爱好来节省开支。2017 年，在英格兰有 1200 多万成年人，在苏格兰有 1/5 的成年人，缺乏使用数字技术所需的技能。在英国，年龄超过 75 岁的人中有 2/3，65 ~ 74 岁的人中有 3/10，不使用互联网（Karania，2017）。这些老年人会发现越来越难以参与到公共服务及其更广泛的社区活动，并可能错过数字化所提供的改善生活的机会。基于上述情况，"老龄英国" 在各地与一些中介组织，如社区中心、健康中心、住房协会、教育机构、苹果公司的零售商店、慈善机构、图书馆、博物馆、论坛主办方等合作，因为这些组织通常能接触到老人，能够提供培训教室、举办培训活动和提供 IT 培训人员等。"老龄英国"还招募被称作"数字冠军"的人，在老年人的家中提供一对一的支持服务，在培训班上提供授课服务，参与较大规模的社区数字技能提升活动，这些简单的事情可以对不能或不使用互联网的人产生很大的影响。所谓"数字冠军"，是指受过培训和支持、能够激励他人上网，并能花时间向他们展示如何上网的人。"数字冠军"背景不同，他们可以是"老龄英国"当地的员工和志愿者，当地企业、社区组织的员工，或者其他的懂数字技术的老年人。

2015 年 11 月至 2016 年 10 月为该项目实施的第一个阶段，其间共聘请了 95 个中介组织，招募和培训了 160 名"数字冠军"，累计有 3858 名老人了解到了学习数字技能的好处，1274 名老人学习到了新的数字技能。2016 年 10 月至 2017 年 6 月是该项目的第二个执行期，有 18 个中介机构参与，32 位"数字冠军"被招募和培训，363 名老人参加了一次性培训，1124 名老人参加了定期培训（Karania，2016）。

数字技术不断改变着人们的生活，特别是在沟通交流、工作学习、获取服务和利用业余时间方面。对于老年人来说，拥有他们所需的数字设备、技能和信心，才能享受包容和独立的生活，才能与亲人保持联系、通过网上购物来节省开支，以及追求个人爱好。

四　"老龄英国"的公司治理

"老龄英国"是一家慈善性质的私人担保有限公司，因此，需要遵守慈善、信托和公司法。"老龄英国"由一系列慈善子公司和贸易子公司组成，董事会是其决策和领导核心，负责集团的战略、管理和控制。董事会下设系列委员会以更深入地协商相关议题，所有委员会对董事会负责，向董事会报告，没有决策权（例外情况除外）。其中，集团审计和风险委员会负责识别、记录和有效管理"老龄英国"及其子公司的风险，向董事会保障其内部控制，包括财务控制和遵守相关法律和法规；薪酬及提名委员会负责审查养老金、就业和薪酬政策，决定首席执行官和执行董事的薪酬和任命，监督一年一度的年薪和绩效审查过程等。战略性财务委员会的职责是辅助董事会确保"老龄英国"的金融稳定和未来的增长，监督慈善机构的财务和投资、财务战略、目标、计划和政策，确保"老龄英国"和其子公司之间的战略对话畅通。

老龄英国贸易公司（Age UK Trading CIC）汇集了"老龄英国"的商业活动，包括其超过 400 家的经营销售捐赠物品的慈善连锁商店；老龄英国企业有限公司（Age UK Enterprises Ltd.）通过提供保险服务及销售专为老年人设计的产品营利。消费者委员会由老龄英国贸易公司的董事会和老龄英国企业有限公司的董事会共同设立，用以监督贸易公司对消费者的态度和贸易公司与消费者的互动过程。老龄英国企业有限公司的董事会还设立了一个企业审计和风险委员会，以确保董事会对公司的风险管理、公司合规和内部控制有所保障。"老龄英国"的慈善子公司"老龄国际"（Age International）是专注于老龄化问题的"帮助老龄国际"（Help Age International）全球组织网络在英国的分支机构，该网络在 60 个国家拥有 141 个成员。老龄英国萨福克（Age UK Suffolk）由于经济困难于 2017 年被"老龄英国"收购，成为"老龄英国"的成员。"老龄英国"旗下还有三家全资的彩票子公司分别筹款支持"老龄英国"不同领域的工作。

"老龄英国"的公司治理结构如图 1 所示。

五 "老龄英国"的财务收支

"老龄英国"集团下面有多家慈善子公司和贸易子公司，除了捐赠资金，还通过不同的系统销售产品和服务以获得适当的收入，再将收入回馈到养老服务上。

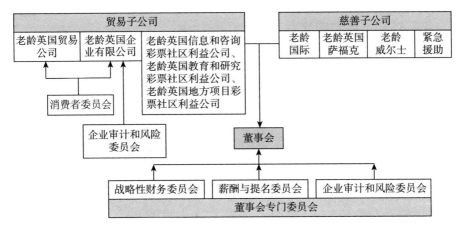

图1 "老龄英国"公司治理结构

资料来源：本图根据"老龄英国"发布的2018年度报告整理而成。

（一）捐赠和慈善活动收入

通过捐款、遗产、礼品、合伙企业和其他方式的志愿奉献筹集资金，是"老龄英国"最大的净收入来源，占其净收入的50%以上。

通过举办体育活动筹款，如通过举办跑步、骑自行车、跳伞等体育活动筹款；通过举办编织活动筹款，如自2003年以来举办的编织一顶小羊毛帽活动，截至2018年底已组织编织了700多万顶帽子，筹集了240多万英镑（Age UK，2018b）。

"老龄英国"还准备了其他70多种可供选择的慈善消费活动，并将这些活动从A到Z分类排列，支持者可根据自己的喜好去选择，如A的列表中有下午茶、古董展销会、工艺美术馆、拍卖，P的列表中有花卉义卖、分享晚餐、酒吧游戏夜等。

"老龄英国"还通过提供慈善服务来筹集资金，如与英国护理质量委员会（Care Quality Commission）签订购买合同，提供有经验的、专业化的老人护理服务。

"老龄英国"也会收集支持者的想法和意见，对筹款方式进行实时修改和补充。

（二）交易活动的收入

"老龄英国"零售及贸易收入主要来自其老龄英国贸易公司，这是一家社区利益公司，其名下经营 400 多家慈善商店，通过销售捐赠的物品、新的产品和服务获得收入，通过代理商销售二手商品及从商业伙伴的客户和营销中获得收入。老龄英国企业有限公司为 50 岁以上的老年人提供金融保险业务，包括车险、旅游险、葬礼计划、股票发行咨询服务、遗嘱等法律服务，还通过出售专为老年人独立生活而设计的产品营利，如公司推出的改善住宅环境、改善居家环境的长者用品（如可调节的床、沐浴设施、座椅电梯、个人警报等）。"老龄英国"还全资拥有三家彩票子公司，每家子公司都通过销售彩票筹集资金来支持"老龄英国"的不同工作领域。这三家子公司都注册为社区利益公司，它们分别是老龄英国信息和咨询彩票社区利益公司（Age UK Information and Advice Lottery CIC）为"老龄英国"提供免费的全国咨询热线、实用专家信息指南和事实资料，以及为其合作伙伴提供地方上的事务咨询服务资金；老龄英国教育和研究彩票社区利益公司（Age UK Education and Research Lottery CIC）为教育和研究提供资金；老龄英国地方项目彩票社区利益公司（Age UK Local Programmes Lottery CIC）为 140 多个地方社区提供优质养老服务。根据"老龄英国"2015～2018 年的年度报告，其净收入情况如表 1 所示。

表 1 "老龄英国"净收入情况

单位：百万英镑

	2015 年	2016 年	2017 年	2018 年
捐赠	48.8	47.7	47.2	50.5
慈善活动	7.8	6.2	1.3	1.8
零售	5.8	5.5	2	0.9
金融服务	18.8	15.5	12.3	7.5
独立生活解决方案	—	4.5	3	0.3

续表

	2015 年	2016 年	2017 年	2018 年
投资及其他	1.2	1.4	1.4	1.9
其他贸易	7.6	5.6	5.9	4.7
总的净收入	90	86.4	73.1	67.6

资料来源：本表根据以下来源数据整理。Age UK Annual Accounts 2015：54 - 55；Age UK Annual Accounts 2016：8 - 9；Age UK Annual Accounts 2017：10 - 11；Age UK Annual Accounts 2018：13 - 14。

（三）资金支出

在"老龄英国"的净收入中，90%以上用于为老服务。根据"老龄英国"2015~2018 年的年度报告，具体支出情况如表 2 所示。

表 2　"老龄英国"资金支出情况

单位：百万英镑

	2015 年	2016 年	2017 年	2018 年
信息和建议	11.8	17.1	11.1	10.7
健康和护理服务	16	6.8	5.8	4.6
福利服务	18.4	9.7	8.8	11.2
支持网络		21.1	21.5	20.4
开展运动和研究		9.3	8.2	7.3
社区服务	27.8			
家庭服务	10			
国际服务		16.8	17.8	15
总支出	84	80.8	73.2	69.2

资料来源：本表根据以下来源数据整理：Age UK Annual Accounts 2015：56 - 57；Age UK Annual Accounts 2016：10 - 11；Age UK Annual Accounts 2017：12 - 13；Age UK Annual Accounts 2018：15 - 16。

"老龄英国"通过商业运营获得的收入，包含了零售、金融服务、独立生活解决方案、投资及其他和其他贸易等，占其净收入的 20% ~ 35%。2015 年之后，"老龄英国"商业运营收入有所下降，一方面是由于其商业战略的调整，如卖掉了援助电话业务、退出了能源业务和培训业务等，另一方面是由于金融服务领域，尤其是保险和殡葬服务业的收入因市场价格影响而有所减少。2017 年以后，"老龄英国"开始加强对商店、彩票公司等的投资并推出旨在帮助老年人获得经济上的保障并享受独立生活的 Age Co 系列品牌产品，这些都为日后商业运营收入的增长打下了基础。

总之，"老龄英国"的市场化收入、捐赠收入及慈善活动的所得，在不同年份会有不同变化，但总体收入一直比较稳定，各种收入互相补充，很好地保证了"老龄英国"能够有较充沛的资源，可持续地提供全方位的专业化的为老服务。

六 "老龄英国"的政策影响途径

"老龄英国"的愿景是使英国成为一个适合养老的好地方，通过介入政策过程而增强养老资源动员的效果，是其重要的组织实践活动。具体而言，"老龄英国"积极开展关于老年人问题的调查、研究并提供解决方案，为政府出谋划策，提供建议；举办各种养老主题活动，向各级政府和政界人士积极倡议和促进老年人的权益，使其重视老年生活的各种困难并积极应对。

(一)"老龄冠军"

英国人口正在老龄化，如何确保每个人随着年龄增长都能过得幸福、独立和有尊严，给个人、社区和政府带来了挑战。"老龄英国"及其支持者一直在呼吁国会议员成为"老龄冠军"。成为"老龄冠军"的议员会收到一份关于他所在选区的选民概况，以及来自"老龄英国"的一份关于如何支持其工作的方案，以通过他的参与使其所在选区乃至英国成为一个老年生活的好地方。"老龄英国"会定期与"老龄冠军"们分享最新的、影响当地和英国老年人生活的一些重大问题的信息，鼓励议员们明确表达对由"老龄英国"所发动倡议的运动，如老

年孤独、照料和危急、就医困苦等的关注与支持。"老龄英国"还与
"老龄冠军"议员密切合作，讨论其他一些可以使英国成为最好养老之
地的办法。

（二）跨党派议会小组

"老龄英国"为跨党派议会小组（All Party Parliamentary Group,
APPG）提供秘书。跨党派议会小组致力于在议会召开之前处理那些影
响到老年人晚年生活的政治和立法问题。这些问题涵盖范围广泛，从住
房、交通到健康和社会照护等。如 APPG 发起了关于老年人住房标准的
调查，于 2018 年 11 月至 2019 年 5 月共举办了 6 次会议，完成了调查，
调查报告伴随相关建议将提交给政府部门。2018 年 6 月，APPG 发布报
告《随着年龄增长保护我们的权利》（*Protecting Our Rights as We Age*）。
这是在调查老年人权利后提出的几项建议之一，旨在了解老年人面临
的挑战，以及如何更好地保护老年人的权利，呼吁英国政府支持一项关
于老年人权利的国际公约，该公约将支持在全球范围内消除对老年人
在经济、健康和就业等领域的歧视。2018 年 1 月，跨党派议会小组举
行了关于寂寞的会议，讨论乔考克斯委员会（Jo Cox Commission）关于
孤独的建议；2018 年 3 月关注老年人的自治和独立权，会议讨论了如
何确保老年人能够自主生活，维持他们对社会的贡献和参与等（APPG,
2018）。

（三）简报

"老龄英国"还制作关于关键立法和辩论的简报，旨在向议员和同
僚提供有关拟议立法如何影响老年人晚年生活以及他们的工作如何改
善老年人生活的信息，概述"老龄英国"作为一个组织的立场以及老
年人在晚年生活中需要优先考虑的事项，并就影响老年人的问题向议
会提出建议。

（四） 老龄友好地方指南

随着年龄的增长，老年人经常花更多的时间待在家里和社区，因此生活的环境对老年人健康、幸福和生活质量有重大影响。对于老年人来说，有适合他们居住的地方非常重要。但目前，有太多的社区在应对老龄化的挑战和释放老龄人口潜力方面准备不足。"老龄英国"提出，地方当局有一个重要的"位置塑造"角色：了解它们的社区和确保每个人都可以参与经济、文化和社会方面的活动，这些活动有助于社区的幸福与繁荣。

老龄友好地方指南是支持社区对话的工具——老年人、地方政府和服务提供商及其他利益相关者就关于"适合老年人的地方"的重要性进行充分对话，大家共同商讨并提出如何使社区成为"变老的好地方"的建议。这份指南提出了当地社区需要讨论解决的五个主题：感觉良好、活跃的社区、充足的钱、居家安全、身体健康和良好的照护（Age UK，2018a）。

七 启示及借鉴

作为人口体量接近 14 亿人的转型大国，我国自 1999 年起即步入老龄化社会，人口老龄化进程要远远快于很多低收入和高收入国家，到 2018 年末，60 周岁及以上人口占比达到 17.9%（中华人民共和国国家统计局，2019），另据相关预测，到 2040 年将增长到 28%（UN DESA，2013a）。整体社会发展呈现为老龄化超前于现代化进程，在未来一个时期人口老龄化呈现持续加速态势，这是我国养老服务面临的基本形势和艰巨挑战，创新性和跨越式发展各类养老服务组织势在必行。作为最先实现工业化的发达国家，英国通过"老龄英国"这类骨干性组织的社会企业化运营机制，串联起居家、社区和地方等老龄生活场景，链接起政府、市场、社会、家庭和个人等各类资源，推动养老服务可持续发展的模式及经验，对于化解我国美好老龄生活需求与养老事业发展不充分不均衡的矛盾具有启发和参考价值。对此，我们可以学习和借鉴的地方有：（1）明确认识和界定自身法律身份，整合发挥"市场运营"和"公益使命"双重组织动力，注重在实践中较好地实现"营收"与"公益"的双向融贯；（2）优化完善组织的治理结构，细化并激活老龄服务市场，精细化、专业化和动态化地调适老龄服务供给；（3）积极扶持发展规模化的社会企业类养老服务组织，使之在老龄服务生态网络中发挥骨干节点和催化剂的作用。具体而言，就是激活官方、民间各类资源，赋权增能各类关联主体，向党和政府倡议和表达老龄群体利益，推动养老服务和老龄事业实现可持续发展。

【参考文献】

柴化敏，2018，《英国养老服务体系：经验和发展》，《社会政策研究》第 3 期，第 79～96 页。

陈伟东、尹浩，2014，《合力与互补：英国社会企业发展动力机制研究》，《华中师范大学学报》（人文社会科学版）第 3 期，第 23～28 页。

费显政，2005，《资源依赖学派之组织与环境关系理论评介》，《武汉大学学报》（哲学社会科学版）第 4 期，第 451～455 页。

赵萌，2009，《社会企业战略：英国政府经验及其对中国的启示》，《经济社会体制比较》第 4 期，第 135～141 页。

中华人民共和国国家统计局，2019，《中华人民共和国 2018 年国民经济和社会发展统计公报》，《中国统计》第三期，第 8～22 页。

Age UK. 2017a. Report of Avoiding Scams. *Age UK*, 3 – 30.

Age UK. 2017b. Report of Trustees and Annual Accounts *Age UK*, 14 – 43.

Age UK. 2018a. Age Friendly Places：Making Our Community a Great Place to Grow Older. *Age UK*, 2 – 15.

Age UK. 2018b. Report of Trustees and Annual Accounts. *Age UK*, 16 – 77.

APPG. 2018. Inquiry into Human Rights and Older People：Protecting Our Rights as

We Age. *Age UK*, 2 – 10.

Booth, L. , 2018. "House of Commons: Public Procurement and Contracts. " *BRIE-FING PAPER.*

Mitchell, M. , 2009. "Age Goncern and Help the Aged. " Quality in Ageing & Older Adults, 50 – 54.

Temple, N. , 2017. "The Future of Business: State of Social Enterprise Survey. " *Social Enterprise UK*, 6 – 10.

Macmillan, T. , Jackie Gallagher, Melissa Ronca, Tin Bidey and Perla Rembiszews-ki. 2018. "Evaluation of the Homeshare pilots. " *Homeshare UK*, 5 – 26.

Karania, V. K. 2016. "One Digital Learning from the Age UK Project. " *Age UK*, 10 – 14.

Karania, V. K. 2017. "One Digital Learning from Phase 2 of the Age UK Project. " *Age UK*, 11 – 15.

Fullwood, Y. 2017. "Integrated Care Services. " *Age UK*, 2 – 9.

United Nations Department of Economic and Social Affairs (UN DESA). (2013a). World Population Prospects: the 2012 revision. Volume 11: demographic pro-files. New York (NY): UN DESA, Population Division (http://esa. un. org. / WPP/, accessed 7 November 2019).

中国第三部门研究 第 18 卷
第 21~44 页
© SSAP，2019

岗位设置是否影响在职社工的离职意愿？

——基于 M 市问卷调查的分析*

曲绍旭 李振鑫**

摘　要： 随着我国社会治理水平的提高，社工人才队伍不断壮大。与此同时，社工人才的流失也较为严重。本文从社会组织的内部出发，将岗位设置确定为社工离职的重要影响因素，并通过对 M 市的实证分析发现，在业务培训方面，自身的知识和技能影响社工的离职意愿，行业培训效果、单位领导对培训的态度与社工离职没有显著关系；在办公事务方面，处理办公事务程度对社工离职意愿具有显著影响；在开展服务方面，工作岗位类型对社工离职意愿具有显著影响，而工作岗位年限对社工离职意愿没有显著影响；在资源链接方面，社会事务参与程度对社工离职意愿没有显著影响。基于此，可通过

* 基金项目：教育部人文社会科学研究项目"城市居家养老服务供需平衡路径的优化研究"（19YJC840033）、国家社科基金重大项目"实现积极老龄化的公共政策及其机制研究"（17ZDA120）和江苏省青蓝工程阶段性研究成果。

** 曲绍旭，南京理工大学公共事务学院副教授，南京大学社会保障学博士，主要从事社会工作等的研究，E-mail：qushaoxu122@ sina.com；李振鑫，江苏省社会工作协会主任，主要从事社会工作等方面的研究，E-mail：279855557@ qq.com。

加强岗位培训针对性、提升岗位和技能匹配程度、明晰岗位职责边界等措施来降低社工离职率。

关键词： 岗位设置　社工　离职意愿

一　引言

完善社工专业人才队伍建设对提高社会治理能力具有十分重要的意义。近几年来，我国通过完善政策、加大资金投入等手段，不断壮大社工人才队伍。民政部统计公报数据显示，截至 2017 年底，我国共有 70.2 万个社会组织，促进了 763.7 万人就业（比 2016 年增长 3.9%），其中，社工就业人数为 28.8 万人（其中包括 6.9 万社会工作师和 21.9 万助理社工师）。虽说如此，我们也应看到社工人才的流失所造成的负面影响，以课题组所调查的 M 市为例，据该市民政部门统计，2017 年 M 市社工的流失率超过 18%，而在所有的流失人才中，有 70% 以上的人选择了其他行业。以上说明社工人才不仅流失严重，而且行业本身的发展亦是困难重重。

人才流动是一种正常的经济和社会现象（张秀艳、徐立本，2003），但由于社工领域从业人员少，且毕业生涉足人数不多（金超然，2015），因此，社工人才的流失具有较大的负面影响，表现在以下几个方面。其一，宏观层面，不利于人才体系的构建。人才体系构建的重要目标在于通过合理配置人力资源来提高人才的利用效率，发挥其在社会建设中的作用。我国人才体系的完善不仅需要生物技术、新材料等经济发展领域的人才支撑，而且需要社会发展领域内相关人才的支持。社工人才是社会服务领域的中坚力量，而社工人才的流失现实与我国努力实现的人才目标不相符。其二，中观层面，不利于社区治理的推进。社工人才在完善社区基本服务、构建并优化多主体治理环境、引导居民有效参与公共事务、链接社区内外资源等方面发挥着特殊作用（王永华、罗家为，2018）。国务院颁布的《关于加强和完善城乡社区治理的意见》也明确提出，要发挥社会力量的共同作用，引入专业社会组织参与城乡社区治理。其三，微观层面，不利于社会服务质量的提升。社工可利用其专业的手法在社区或机构内开展相关服务，社工人数的多寡直接决定服务专业性的程度，进而影响其服务质量。因此，现实中许多服务的开展只有社工的"名"，而无服务的"实"，服务质量参差不齐。

对于社工离职，学者普遍认为是由薪资低下、社会认同度不高、工作标准化低、专业教育与实际关联度不强、工作回报率低、职业角色难以定位等因素造成的（陈川，2015；Barak, Nissly & Levin，2001；Horstman，2006；安秋玲，2010；魏燕希，2013；韩辉，2018）。但细加分析不难发现，学者对社工离职原因的研究多从外部因素进行考察，缺乏对社会组织内部因素的全面思考，岗位设置是社工岗位偏好的重要影响因素（陆飞杰，2011）。此外，社会服务标准化、机构管理规范化以及社工职业化是社会组织未来发展的趋势，这需要社会组织不断完善内部的管理制度，以迎合这一趋势的要求，正如有学者强调的"完善机构规章制度，建立管理监督体系"对社会服务和社工未来发展具有很强的重要性（陆士桢、郑玲，2013）。从目前来看，明确社工岗位设置是社会组织服务标准化与服务质量提升的前提条件，也是增加在职社工职业认同感进而减少离职的重要手段。综上，当前需进一步明确岗位设置与在职社工离职间的关系，为社会治理的发展提供政策建议。

二　文献回顾与研究假设

岗位设置是指将岗位职责与员工能力相匹配的工作安排（Mac-Leod, Bentley & Malcomson，1988）。自亚当·斯密（2011）在工资差别理论中加入岗位设置这一构成要素以来，有关研究日益活跃，研究内容涉及岗位设置的影响因素（Bernhardt，1990）、岗位设置与工资分配间的关系（Rosen & Sherwin，1982）、岗位设置对工作晋升的影响（Ferrall & Christopher，1991）等。时至今日，岗位设置的研究范围也进一步拓展至人力资源管理、劳动经济学等领域，对人力资源的合理流动、组织的有效管理、劳动力市场的完善等具有重要的推动作用（Dhanesh，2014；Hekman et al.，2009；Malik，Butt & Choi，2015）。

员工离职与岗位设置间关系的探讨是人力资源管理研究的重要内容（罗宾斯、贾奇，2008；张志学、鞠冬、马力，2014）。1958 年，James G. March 与 Herbert A. Simon 在合著的《组织》一书中首次提出离职（turnover）的概念并对"离职初步模型"（turnover preliminary model）进行了探讨。其后，Mobley、Horner 和 Hollingsworth（1978）结合"intermediate linkage"理论，总结了员工离职的过程：不满意—产生离职意愿—相关选择的主观期望效用（Subjective Expected Utility，SEU）—找寻目的—可供选择工作评估—新旧工作比较—形成离职意愿—离职，而在这一过程中，岗位设置的合理与否发挥了一定的作用。Steers 与 Mowday（1981）将岗位设置、组织承诺、工作绩效与工作需求满足程度等作为员工离职的影响因素并加以研究，认为企业应该关注岗位设置的合理性和工作需求的满足程度，以减少人才的流失。

以上研究夯实了岗位设置与员工离职间关系探讨的基础，此后，学者主要围绕岗位设置不合理—员工岗位职责弱化的原因探讨以及职责弱化—离职动机的逻辑分析两条主线开展研究。在原因研究方面，学者将岗位职责弱化的原因归结为内外环境的共同影响，并赋予了更多的技术要素，如分析岗位设置后形成的内部环境对员工职业倦怠的影响（Abrell-Vogel & Rowold，2014）、岗位设置中人际过程介入（Human Process Intervention）对员工离职的干预等；在动机分析方面，学者倾向于建立干预机制的方法对其进行研究，认为岗位设置的不明确会演化成个人与组织间的冲突，进而影响组织管理建设的进程（Perrott，2011），需要在岗位设置前期对员工采取有效的干预机制（Bull & Brown，2012），由于员工对干预的原因和过程知之甚少，经常出现不配合干预的情况，进而会导致员工离职（Tsai & Tien，2011；Carlström，2012），因此有必要提前对干预机制的基本内容及目的进行说明。

社会服务组织的发展更加依赖于人力资源的完善（唐代盛、李敏、边慧敏，2015）。社会服务组织（有时称之为社会服务机构、民办非企业单位）具有企业的属性，在内部管理方面与一般企业相似，因此，社会服务组织中社工的岗位设置无异于企业员工的岗位设置，主要围绕社工的工作内容而来，包括：对内工作设置，指在社会服务组织内开展的相关工作，如日常办公事务、业务培训等内容（鲁森斯，2004）；对外工作设置，包括专业社会服务（如个案工作、小组工作和社区工作）、服务资源链接工作、部门协作工作等内容（民政部，2011）。与企业一样，社会服务组织的岗位设置依然对员工（社工）具有一定的影响，但这种影响会因社工工作的特殊性而出现相异之处，这些特殊性表现在以下几个方面。

其一，岗位职责对在职社工离职意愿的影响。岗位设置的合理与否是员工离职的重要影响因素，而在社会服务组织中，明确的岗位职责是岗位设置合理性的重要体现。根据《中共中央关于构建社会主义和谐社会若干重大问题的决定》中有关完善社会工作岗位设置的要求，民政部于2008年和其他部门联合颁布了《关于民政事业单位岗位设置管理的指导意见》，强调民政事业应以社会工作岗位为主体。但由于没有国家层面的社工职称配套政策，加之地方职称编制的压力，社工岗位设置困难重重，岗位职责的规范更是无从谈起。该问题使得许多基层社区在引入社会服务组织后并没有真正改变自身的管理职能以迎合变化，致使社区、街道、社会服务组织对社工的管理边界没有完全界定清楚，那么社工在社区开展相关服务时，就会经常受制于社会服务组织、社区、街道等的多头管理（费梅苹，2014）。多头管理使得在职社工的岗位职责界定愈加模糊，不仅要开展服务，还要忙于日常的办公事务，逐渐产生职业倦怠。职业倦怠首先集中体现在职业情感的偏离上，如情感衰竭、工作成就感降低等，其次体现在工作积极性方面，如工作自主性较低、对服务对象的排斥等（沈黎，2008），再次体现在职业耗竭方面，如工作环境的负面影响、缺乏组织归属感以及内部支持等（张大维、郑永君、李静静，2014），以上都是在职社工离职的重要推动因素。根据以上分析，本文提出如下假设：

假设1：岗位设置越倾向于日常办公事务，越容易使社工产生职业倦怠，增强其离职意愿。

其二，岗位培训对在职社工离职意愿的影响。岗位培训是岗位设置夯实的保证，对提高社工的服务质量、引导社会工作价值观等具有重要的推动作用（陈汝，2017）。目前有关在职社工培训的研究多集中于培训内容的设定、培训方法的改进、培训质量的评估等方面（秦红增、王希，2016；裴旋，2015），较少涉及岗位培训与离职间关系的探讨。一般来说，社工岗位培训的目的在于提高其职业技能，减少其与岗位设置的摩擦，提升在职社工的职业忠诚度（Heinrich，2000），如果领导没有意识到岗位培训的重要性，加之社会服务组织较少会有进行如前文所述的员工干预机制，那么就很容易使在职社工与岗位设置的要求出现脱节，甚至会与社会服务组织产生如前文所述的职业冲突，进而产生剥离感，增强社工离职的意愿。因此，社会服务组织内有无培训制度对在职社工离职意愿具有一定的影响。通过以上分析，本文提出如下系列假设：

假设2a：组织内是否设立培训制度对在职社工离职意愿具有一定的影响。

假设2b：组织领导越忽略岗位培训的重要性，在职社工离职的意愿越强。

假设2c：社工的技能与工作要求越脱节，在职社工离职的意愿就越强。

其三，岗位设置的工作内容对在职社工离职意愿的影响。前文对"岗位设置不合理与员工职责模糊"的探讨依然适用于社会服务组织，但我们还要意识到社工开展工作的特殊性。一般来说，社工定岗后，其工作内容基本是不变的，这有利于工作经验的积累和岗位预期目标的完成。但从现实来看，服务内容和对象不同会牵制在职社工开展服务的内容，举例来说，医务社会工作、残疾人社会工作要求社工掌握一定的医疗知识和康复服务知识（王鹏文，2018；谢建社、隆惠清，2017），这对社工提出了新的要求，增加了社工开展服务的难度，但在某些服务领域，社工却有着丰富的经验积累，开展工作相对容易。因此，可以看出，不同工作领域与工作内容对在职社工的离职意愿的影响并不相同。在面对较难开展工作的服务领域，初期入职的社工会面对较多且不可预测的困难，离职的倾向愈加明显，因此可以推断，社工服务年限的多少与离职并没有必然联系。此外，许多社会服务组织的日常工作主要集中于依托已购买服务项目，围绕服务对象开展的相关活动增加了社工其他的工作内容，如发挥部门协作、资源链接的作用，增加了社工工作的强度，增强了在职社工的离职意愿。基于以上分析，本文提出如下假设：

假设3a：在职社工离职的意愿与服务年限并没有关系；

假设3b：在职社工开展服务内容不同，其离职意愿也有差别；

假设4：社工参与资源链接或部门协作的程度越高，其离职倾向越明显。

三 研究框架与变量设计

（一）研究框架

由以上分析可知，学者对岗位设置和在职社工离职间关系的研究多遵循"原因－事实"的研究范式，即从岗位设置结果在工作过程中的横向折射来探讨其与在职社工离职意愿间的关系。这一研究范式能较直观地展现因果关系，但没有从纵向、以过程性视角看岗位设置和在职社工离职意愿间的关系。本研究认为，社工岗位设置所产生的影响是贯穿于社工服务过程始终的，在不同的工作阶段，社工岗位设置所体现出的效力亦不尽相同，应该从整体的角度考量岗位职责与在职社工离职意愿间的关系。因此本文提出社工岗位设置与离职意愿关系的整体性分析框架（见图1）。

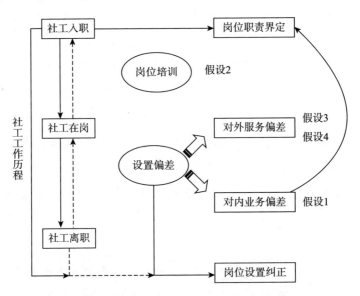

图1　岗位职责与社工离职关系的整体性分析框架

首先，在社工入职阶段。社会服务组织的主要任务是明确社工的岗位设置及其职能，并根据社工掌握的专业知识，通过相关的业务培训来强化岗位设置对在职社工的影响，因此社会服务组织领导对岗位设置的认可度就显得尤为重要。整体上看，在这一阶段中，社会服务组织内入职培训制度的完整性、组织领导对岗位培训的态度、社工自身专业知识与岗位职责的匹配度对在职社工离职意愿具有一定的影响，即假设2所描述的内容。

其次，在社工开展工作阶段。这也是岗位设置中岗位职责的履行阶段，在该阶段，社工岗位的设置会出现两种情况，第一种情况是岗位设置与工作内容相符合，在职社工按照岗位要求完成相关服务工作；第二种情况与之相反，岗位设置没有完全考虑到社工能力与岗位的匹配度，出现"岗位设置偏差"。该偏差主要包括对内业务偏差与对外服务偏差，对内业务偏差是指擅长开展社会服务工作的社工较多时间从事办公事务，而对外服务偏差却与之相反。正如假设 1、3、4 所描述的内容，服务偏差的出现影响在职社工与组织间的关系，增加社工离职的风险。

最后，在"岗位设置偏差"出现后，社会服务组织会进一步对岗位设置进行矫正，矫正的方式包括业务梳理与强化、团队建设、专业强化等；而在职社工也会进一步强化行为规范，以符合岗位设置的要求。如果社会服务组织与社工的矫正正确，则会扭转社工工作开展的被动局面，岗位设置会返回先前的社工职责界定（如图 1 虚线所示），如果矫正失败，社工则面临失业风险。

（二）变量设计

本文探讨的主题为"社工岗位设置及其带来的问题"对"在职社工离职意愿"的影响，据此，相关变量的设计如下。

其一，因变量的设计。本文将在职社工离职意愿作为因变量的设计依据。对于在职社工来说，离职这一问题较为敏感，不能直接用"您是否有离职的意愿"作为因变量的问题设计，否则容易得到否认的倾向性回答，因此需要在对离职这一概念进行模糊化处理的基础上进行问题设计，最终将因变量的问题设计为"您是否有找寻其他工作的意愿"。

其二，自变量的设计。结合研究框架，本文将岗位设置的自变量设定为四类，分别是业务培训、日常办公事务、开展服务、资源链接（部门合作）。根据研究假设的设计，业务培训的自变量设计要包含领导认同、技能培训等要素，因此将问题设计为"您从事的行业有培训制度吗"、"您现有的知识和技能满足工作的要求的程度如何"和"您的单位领导支持您参加培训吗"等；日常办公事务的自变量设计要重点关注办公事务的繁重程度，因此将问题设计为"您平时处理机构内办公事务的程度如何"；服务开展的自变量只需通过社工的服务领域和年限就可以考察出来，将问题设计为"您所从事的工作属于哪一领域"和"您在本社会工作岗位的工作时间为多少年"等；资源链接（部门合作）是在项目规定的服务之外的工作来实现的，因此将资源链接（部门合作）这一自变量的问题设计为"您参与单位以外社会事务（如社区规划、治安状况、人民代表选举、价格听证、环境保护、政府机构改革等）的程度如何"。因变量和自变量设计如表 1 所示。

表 1 自变量及因变量设计

变量分类		问题设计	定义
因变量		您是否有找寻其他工作的意愿	1 = 有；2 = 没有
自变量	业务培训	您从事的行业有培训制度吗	1 = 有；2 = 没有；3 = 不清楚
		您现有的知识和技能满足工作的要求的程度如何	1 = 完全满足；2 = 基本满足；3 = 说不准；4 = 不能满足
		您的单位领导支持您参加培训吗	1 = 非常支持；2 = 支持；3 = 不干预；4 = 不支持；5 = 极不支持
	日常办公事务	您平时处理机构内办公事务的程度如何	1 = 非常频繁；2 = 频繁；3 = 不太频繁；4 = 不频繁
	开展服务	您所从事的工作属于哪一领域	1 = 社会福利；2 = 社会救助；3 = 收养服务；4 = 社区建设；5 = 优抚安置；6 = 慈善事业；7 = 减灾救灾；8 = 家庭生活服务；9 = 教育辅导；10 = 司法矫正；11 = 就业服务；12 = 医疗卫生；13 = 计划生育；14 = 职工权益维护；15 = 青少年事务；16 = 妇女权益维护；17 = 其他
		您在本社会工作岗位的工作时间为多少年	1 = 3 年以下；2 = 3 ~ 5 年；3 = 5 ~ 10 年；4 = 10 年及以上
	资源链接（部门协作）	您参与单位以外社会事务（如社区规划、治安状况、人民代表选举、价格听证、环境保护、政府机构改革等）的程度如何	1 = 非常高；2 = 比较高；3 = 一般；4 = 不太高；5 = 很低

四　数据来源与分析

（一）数据来源

本文采用的分析数据来自 2018 年 3 月至 4 月期间，课题组联合江苏省社会工作协会在江苏省 M 市所做的问卷调查。之所以选择 M 市，其原因在于以下几点。第一，该市社工流动性较强，有利于收集调查对象。M 市社会服务组织间的竞争较为激烈，导致人才争夺也愈加激烈，社工的流动率较高。频繁的社工流动行为为本研究提供了诸多代表性调查个案。第二，M 市为规范社工岗位设置做出了诸多努力，积累了丰富的经验。出台并执行了一系列针对社工岗位的相关政策，如 M 市民政局 2004 年颁布的《关于社区工作者职业化的意见》、2010 年颁布的有关社工人才队伍建设的政策、2013 年颁布的《关于加强社区专职工作者队伍建设的意见》等都有针对社工岗位设置要求的相关规定。第三，社会服务组织管理日趋完善。M 市在发展壮大社会服务组织队伍的同时，也在不断完善其功能，使他们发挥更大的作用。如 M 市政府在 2012 年颁布的有关加快民政工作转型升级的文件中就明确提出要"推动社会服务组织由'行政管理'为主向'发挥作用'转型，并创新社会服务组织管理体制机制……构建完善的监督管理体系"。在相关部门的共同努力下，M 市社会服务组织的管理日趋完善，对社工人才升迁及调动的影响力日益凸显。

本研究的调查样本基本覆盖全市区域，[①] 课题组按照分层抽样的方法，首先，根据各行政区社会服务组织的数量[②]以及社会服务组织的规

---

① 考虑到 M 市 GC 区和 LS 区路途较远，且社会服务组织数量较少，因此排除。
② 该数据由江苏省社会工作协会和 M 市社会工作协会共同提供。

模①确定各区抽样的权重；其次，根据权重和各区社工的总量，计算出各区社工抽样的样本数量；再次，根据行政区—街道—社区的分层方式确定每个社区的调查对象，由课题组成员对其进行问卷调查。本次调查共发放 1200 份问卷，回收有效问卷 980 份，问卷有效率为 81.7%。问卷的分布情况如表 2 所示。

表 2　问卷分布情况

单位：人，%

	频数	百分比	累计百分比
JN 区	101	10.3	10.3
QX 区	101	10.3	20.6
YH 区	109	11.1	31.7
QH 区	87	8.9	40.6
GL 区	189	19.3	59.9
JY 区	99	10.1	70.0
LH 区	67	6.8	76.8
PK 区	102	10.4	87.2
XW 区	125	12.8	100.0
总计	980	100.0	

（二）描述性分析

本文利用 SPSS 23 软件对因变量和自变量进行了二元 Logistic 回归分析，分析结果如下。

1. 基本情况分析

调查对象的基本情况如表 3 所示，从中可看出，第一，队伍年轻化。30 岁以下的在职社工数量为 469 人，占调查对象总数的 47.9%。年轻的社工队伍为社会服务业夯实了发展基础，但也要关注年轻社工

---

① 社会服务组织的规模包括社工数量、地区影响力、品牌效应等内容，根据与社工协会相关人员的访谈内容总结而成。

的工作意愿、积极性、持续性等问题，防止社工频繁流动对社会服务行业发展产生负面影响。第二，女性社工居多。调查对象中女性为727人，占比为74.2%。社会服务业需要从业者具备一定的体力和脑力，

表3　调查对象基本情况

单位：人，%

		频数	百分比
年龄	30 岁以下	469	47.9
	30~40 岁	255	26.0
	40~50 岁	184	18.8
	50 岁及以上	72	7.3
性别	男	253	25.8
	女	727	74.2
学历	小学及以下	2	0.2
	初中	24	2.4
	高中	104	10.6
	中专/中职/中师	33	3.4
	大专	355	36.2
	本科	443	45.2
	硕士及以上	19	1.9
政治面貌	中共党员	560	57.1
	共青团员	194	19.8
	民主党派成员	8	0.8
	其他	218	22.2
技术职称	无职称	638	65.1
	初级	282	28.8
	中级	48	4.9
	高级	12	1.2
身份	党代表	30	3.1
	人大代表	51	5.2
	政协委员	3	0.3
	其他	74	7.6
	都不是	822	83.9

不能完全由女性来主导，而女性就业人数较多的现实也从侧面反映出男性社工流失率较高这一问题。第三，学历层次较高。从表3可以看出，大部分调查对象都具备大专及以上学历。大专学历的人数为355人，占比为36.2%；本科学历的人数为443人，占比45.2%；硕士及以上学历的人数为19人，占比为1.9%。此外，高学历与低工资的现实差距也是导致社工离职的主要原因。其四，职称水平偏低。调查对象中无职称的人数为638人，占比高达65.1%，而有中级职称的调查对象只有48人，占比为4.9%。职称水平偏低的现实说明社工的专业化程度不高，服务并不能完全满足服务对象的需求。

2. 因变量的描述性分析

如表4所示，有离职意愿的调查对象为590人，占比为60.2%，社会服务组织与相关管理部门应未雨绸缪，高度重视社工大规模离职的问题。

表4 找寻其他工作意愿的情况

单位：人，%

	频数	百分比
有	590	60.2
没有	390	39.8
总计	980	100.0

3. 自变量的描述性分析

其一，业务培训相关的自变量分析。在培训制度方面，从统计结果可知，绝大部分调查对象所在的社会组织都有社工培训制度（选择人数为698人，占比为71.2%），这说明M市社工培训制度较为完善；在技能满足工作需求方面，大部分调查对象认为其现有的专业知识能满足工作的需求，选择完全满足的人数为107人，占比为10.9%，选择基本满足的人数为604人，占比为61.6%，两者累计百分比为72.5%。与M市完善的社工培训制度相比，社工先前掌握的知识依然能满足工作的需求，这说明现有的培训制度并没有发挥积极的作用，因此今后需进一步提升培训质量，提高在职社工所掌握知识与工作的匹配度。在领导支持方面，大多数社会服务组织的领导都支持社工参加培训，选择"非常支持"的人数为396人，占比为40.4%，选择"支持"的人数为486人，占比为49.6%。

其二，日常办公事务相关的自变量分析。如表5所示，大部分调查对象经常处理机构内的办公事务，选择"非常频繁"的人数为118人（占比为12.0%），选择"频繁"的人数为672人（占68.6%），两者累计百分比为80.6%。出现这种状况的原因在于以下两点。第一，目前还没有完善的社会服务项目评估标准，因此需要大量的工作材料（如活动照片、活动记录、经费支出等台账）来支撑社会服务评估，[①]整理、更新材料等办公事务自然就成为许多在职社工的日常工作。第二，部分社会服务组织还要处理所在街道或社区与社会服务有关的办公事务，[②] 工作量较大。

表5　调查对象平时处理机构内办公事务的程度

单位：人，%

	频数	百分比	有效百分比	累计百分比
非常频繁	118	12.0	12.0	12.0
频繁	672	68.6	68.6	80.6
不太频繁	169	17.2	17.2	97.9
不频繁	21	2.1	2.1	100.0
总计	980	100.0	100.0	

其三，开展服务相关的自变量分析。在所从事领域方面，社区建设领域居多（选择人数为277人，占比为28.3%），其次为社会救助领域

---

① 笔者调研的部分地区在政府购买服务方面不仅有中期检查，还有季度检查，社区甚至还有月度例会和检查。

② 部分街道引入社会服务组织开展孵化项目，该社会服务组织介入后就承担了与孵化、政府购买服务等相关的办公事务。

（选择人数为 178 人，占比为 18.2%），人数最少的为妇女权益维护领域（选择人数为 4 人，占比为 0.4%）。以上数据说明，在现阶段，政府购买服务的方向主要集中于社区建设以及弱势群体的保护等内容。在工作岗位年限方面，从数据分析结果来看，选择 3 年以下的人数最多（396 人，占比为 40.4%），这与前文所述的社工队伍年轻化的结论不谋而合。

其四，资源链接（部门合作）相关的自变量分析。从调查结果来看，调查对象对公共事务参与的积极性较高，选择积极参与的人数为513 人，占比为 52.3%。这一方面是由于社工平时与社会其他部门交流程度较高，甚至合作完成一些购买服务项目，另一方面是因为现有许多社会服务组织对政府较为依赖，[①] 因此对政府部门的工作内容会更加关注，对公共事务的参与热情较高。

（三）相关性分析

本文通过 SPSS 23 统计分析软件，利用二元 Logistic 回归方法对预先设定的因变量和自变量进行分析。模型系数的 Omnibus 检验结果显示，依赖于自变量所建立起来的回归模型适配度检查中的卡方值为47.567，$p = 0.000$，这说明自变量中至少有一个能解释因变量，模型具备构建的条件。考克斯－斯奈尔 R^2 的值为 0.47，内戈尔科 R^2 的值为0.64，说明自变量和因变量之间具有中等程度的关联性。霍斯默－莱梅肖检验的卡方值较小（13.503），说明回归模型较好，说明回归分析结果如表 6 所示。

从分析结果可以看出，专业知识对工作满足程度、日常办公事务的参与程度、行业领域等因素对社工离职意愿具有一定的显著性影响；而行业培训制度、领导同意社工参加培训的意愿性、岗位工作时间、社会

---

① 社会服务组织在成立时需要在民政部门注册，许多社会服务组织的购买服务资金大部分来
　自政府。

表 6 岗位设置对在职社工离职意愿影响的二元 Logistic 分析结果

自变量	相关因素	B	瓦尔德	显著性	Exp（B）
业务培训	行业培训制度	0.050	0.197	0.657	1.051
	自己现有知识和技能对工作要求的满足程度	0.237	4.787	0.029	1.268
	单位领导支持社工参加培训的意愿	-0.193	3.156	0.076	0.824
日常办公	平时处理机构内办公事务的程度	-0.313	3.674	0.045	1.731
开展服务	工作岗位所属领域	-0.022	3.105	0.048	0.979
	工作岗位年限	-0.074	1.920	0.166	0.929
资源链接（部门协作）	社会事务参与程度	-0.014	0.028	0.867	0.986
	常量	1.191	7.487	0.006	3.289

事务参与程度、工作环境、岗位职责的明确性等因素对社工离职意愿没有显著性影响，具体来说，主要包括以下几方面。

其一，业务培训相关因素分析。"行业培训制度"对在职社工离职意愿没有显著性影响（$p = 0.657 > 0.05$），假设 2a 没有得到验证。这是因为现有的社工培训制度多以政府为主体，且方式较为单一，并没有起到较强的统领作用，对在职社工离职的意愿影响不大，与前文分析的结论一致。

"自己现有知识和技能对工作要求的满足程度"对在职社工离职意愿具有显著影响（$p = 0.029 < 0.05$），验证了假设 2c。此外，该关系组中的优势比 = 1.268，这说明当"社工现有的知识和技能对工作要求的满足程度"增加 1 个单位时，社工离职的意愿就会增加 26.8%。目前，很多社会服务组织通过多元化的业务培训来吸引社工人才，但根据本研究所得到的结论，当入职社工所具备的知识和技能能满足工作需求时，其离职的风险会更高，这意味着很多社会服务组织耗费大量培训成本来提高引进人才的综合素质，很有可能变成其离职或跳槽的工具。

"单位领导支持社工培训的意愿"对社工离职没有显著性影响（$p = 0.076 > 0.05$），假设 2b 没有得到验证。从课题组调研情况来看，大部分社会服务组织的领导都支持在职社工参加其他部门提供的培训，但由于社工平时工作较忙，没有多少时间参加培训，因而会消极对待业务培训。因此，领导对培训的支持在部分社工群体中并没有形成共识，对在职社工离职意愿没有显著影响。

其二，日常办公事务相关因素分析。"平时处理机构内办公事务的程度"对在职社工离职意愿具有显著影响（$p = 0.045 < 0.05$），验证了假设 1。此外，该影响的优势比 = 1.731，这表明当"社工平时处理机构内办公事务的程度"增加 1 个单位时，社工离职的意愿就会增加73.1%，社工平时处理办公事务对在职社工离职意愿影响较大。因此，社会服务组织在岗位设置时要严格区分办公事务与社会服务事务，以此减轻社工的负担，降低离职率。

其三，开展服务相关因素分析。"工作岗位所属领域"对在职社工离职意愿具有显著影响（$p = 0.048 < 0.05$），验证了假设 3b。社工服务具有一定的通用性，如三大基本社会工作方法在许多种类的服务对象中都能运用，服务活动的开展基本上都包括破冰（认识自我）、心理素质提升、社会融入等内容，因此从理论上看，工作岗位类型并不能影响社工对岗位的看法。但现实中的情况却相反，因为社工在不同的岗位会接触不同的服务对象，不同服务对象的态度反馈会直接影响社工对本岗位的看法，部分社工甚至会产生离职意愿。此外，"工作岗位年限"对社工离职没有显著性影响（$p = 0.166 > 0.05$），验证了假设3a。这也进一步要求社会服务组织要摈弃"工作时间对社工人才的重要性"这一观念，积极开展社工人力资源管理，做好人才开发与储备工作。

其四，资源链接（部门合作）因素分析。"社会事务参与程度"对社工离职没有显著影响（$p = 0.867 > 0.05$），假设 4 没有得到验证。参与社会事务是社工日常必备的技能，因此，社会事务参与程度的多少与社工对岗位的看法并没有关系。

五 结论及政策建议

本文利用 M 市调查数据，通过 SPSS 23 分析工具，利用二元 Logistic 方法对社会服务组织岗位设置与在职社工离职意愿进行了实证分析，得出如下结论："自己现有知识和技能对工作的满足程度"对在职社工离职意愿具有显著影响，"平时处理机构内办公事务的程度"对在职社工离职意愿具有显著影响，"社工岗位所属领域"对在职社工离职意愿具有显著影响。基于以上结论，提出如下政策建议。

其一，加强在职社工岗位培训的针对性。在职社工岗位培训应以社工工作能力、知识与岗位需求有效匹配为前提条件。由以上分析可知，社工所掌握的知识能有效满足岗位的需求，而现有岗位培训内容多围绕基础性业务开展，这会造成社工岗位培训的资源浪费，因此需要增强社工岗位培训的针对性来避免以上问题。第一，明确基础性培训与专业性培训的区别。社工的基础性培训涉及社工服务的基础知识、基本方法、与服务对象沟通技巧、服务时间管理等内容，培训对象主要包括刚入职的社工以及没有接触过社工专业的社区工作者，开展的方式可通过内部培训来完成；专业性培训涉及服务技能提升、案例分析、情景模拟等内容，培训对象为具有一定服务经验的社工，要以委托的方式（委托高校、科研机构、优秀社会服务组织）进行。第二，需要培养专业服务团队。调查中发现，社工在平时工作中运用专业知识的程度较低，少量运用专业知识的人数为 605 人，占比为 61.7%，这会使服务的效果与预想之间出现偏差。因此，今后需要进一步加强社工专业知识的培训，社会服务组织内部可根据自身情况设置专业技能、制订知识培训计划，内容可包括机构服务特点及注意事项、机构服务对象的特殊性、开展服务区域的特点等。

其二，完善社工岗位和技能匹配程度。由以上分析可知，在职社工岗位与技能不相匹配导致其离职意愿进一步提升。社工掌握的知识、技能与岗位匹配的程度越低，就越容易出现"社工付出得不到回报"与"社工付出较少却得到较高待遇"同时出现的矛盾，因此，当前亟须提高社工岗位与技能的匹配力度，明确工作任务分配机制。另外，还需围绕社会服务组织购买服务项目，围绕服务对象或项目在社工间分配相关任务，并采取任务包干制，将此作为年终考核的基础；对于无法分配的任务，则交由专门社工来完成，同时要围绕以上任务分配制定工作业绩表格，实行制度化管理。

其三，明晰社工岗位职责的边界。从数据分析结果来看，被调查对象处理日常办公事务较多，影响社工离职的意愿。一般来说，组织员工处理内部办公事务无可厚非，但社工处理的很多办公事务都集中于街道和社区安排给社会服务组织的任务，这些任务复杂琐碎且占据较多的工作时间，客观上降低了社工开展社会服务的质量。因此，需要明确社工在办公事务和社会服务方面的职责边界，优化社工岗位工作时间分配制度。建议社会服务组织内部设立事务岗（A 岗）和服务岗（B 岗）两个岗位。事务岗主要完成日常办公事务，其工作考核标准也要围绕办公事务完成的程度及质量来制定；服务岗偏重于社会服务，服务考核标准延续以往的考核制度。社会服务组织在设置该岗位时首先要明确岗位设置比例，根据社会服务组织平时工作的内容，科学合理地设置岗位分配。此外，A、B 岗可以根据实际情况进行互换，如当社会服务内容较多时，可将 A 岗位的社工加入进来，反之亦如此，为保证 A、B 岗位互换的顺利进行，社会服务组织平时要加强对开展业务的跟踪，随时补充岗位人员。

【参考文献】

安秋玲，2010，《社会工作者职业认同的影响因素》，《华东理工大学学报》（社会科学版）第 2 期，第 39～47 页。

陈川，2015，《我国社会工作职业化的推进策略》，《南方论刊》第 3 期，第 41～

42 页。

陈汝，2017，《试论社会工作机构的人力资源管理》，《人力资源管理》第 2 期，
　　第 70～71 页。

费梅苹，2014，《政府购买社会工作服务中的基层政社关系研究》，《社会科学》
　　第 6 期，第 74～83 页。

弗雷德·鲁森斯，2004，《组织行为学》，王垒译，人民邮电出版社。

韩辉，2018，《社区青年社工职业认同及影响因素的实证研究——基于北京市社
　　区的调查》，《中国青年社会科学》第 3 期，第 120～126 页。

金超然，2015，《高校社工教育与社工毕业生职业问题分析——基于结构社会工
　　作的视角》，《广东青年职业学院学报》第 3 期，第 74～84、89 页。

陆飞杰，2011，《上海社会工作者的离职原因探析——基于 50 位社工的访谈》，
　　《社会工作》第 11 期，第 60、82～84 页。

陆士桢、郑玲，2013，《浅论我国民办社工服务机构的发展》，《社会工作》第 3
　　期，第 16～23 页。

民政部，2011，《关于加强社会工作专业人才队伍建设的意见》。

秦红增、王希，2016，《"三社互动"社区治理模式运行问题及提升对策——以
　　南宁市为例》，《云南民族大学学报》（哲学社会科学版）第 4 期，第 90～
　　94 页。

裘旋，2015，《民办社工机构发展现状和职业经理人培育模式探究——以上海市为
　　例》，《贵州民族大学学报》（哲学社会科学版）第 1 期，第 194～197 页。

沈黎，2008，《社会工作者的职业倦怠：国际研究与经验启示》，《上海青年管
　　理干部学院学报》第 2 期，第 31～33 页。

斯蒂芬·P. 罗宾斯、蒂莫西·A. 贾奇，2008，《组织行为学》，李厚、孙健敏
　　译，中国人民大学出版社。

唐代盛、李敏、边慧敏，2015，《中国社会组织人力资源管理的现实困境与制度
　　策略》，《中国行政管理》第 1 期，第 62～67 页。

王鹏文，2018，《医务社会工作的发展模式及其启示——对深圳市龙岗区 Z 医院
　　的初步探索与思考》，《社会与公益》第 9 期，第 76～81 页。

王永华、罗家为，2018，《政府赋权与社工参与：社区治理的路径选择——基于

政社合作的分析视角》,《中共天津市委党校学报》第 2 期,第 43~49 页。

魏燕希,2013,《社会工作者职业认同现状调查研究》,《学理论》第 17 期,第 66~67 页。

谢建社、隆惠清,2017,《积极心理学在残疾人社会工作中的运用》,《社会建设》第 2 期,第 58~65 页。

亚当·斯密,2011,《国民财富的性质和原因的研究》(上卷),郭大力、王亚南译,译林出版社。

张大维、郑永君、李静静,2014,《社会环境、社会支持与社会工作者的职业耗竭——基于广深莞汉 100 名专职社工的调查》,《中州学刊》第 2 期,第 79~84 页。

张秀艳、徐立本,2003,《人才流动的经济学分析》,《吉林大学社会科学学报》第 5 期,第 118~123 页。

张志学、鞠冬、马力,2014,《组织行为学研究的现状:意义与建议》,《心理学报》第 2 期,第 265~284 页。

Abrell-Vogel, C., & Rowold, J. 2014. "Leaders' Commitment to Change and Their Effectiveness in Change-Amultilevel Investigation." *Journal of Organizational Change Management* 27 (6), 900 – 921.

Barak, M. E. M., Nissly, J. A., & Levin, A. 2001. "Antecedents to Retention and Turnoveramong Child Welfare, Social Work, and other Human Service Employees: What Canwe Learn from the Past Research? A Review and Metanalysis." *Social Service Review* 75 (4), 625 – 661.

Bernhardt, Dan. 1990. "Skill Profilesand Firm Hierarchies: A Theory of Promotion and Compensation." *Unpublished Paper*, in Queen's University. Francois, P. 2000. "Public Service Motivation as an Argument for Government Provision", *Journal of Public Economics* 78 (1), 275 – 299.

Bull, M., & Brown, T. 2012. "Change Communication: the Impact on Satisfaction with Alternative Workplace Strategies." *Facilities* 30 (4), 135 – 151.

Carlström, E. D. 2012. "Strategies for Change: Adaptation to New Accounting Conditions." *Journal of Accounting and Organizational Change* 8 (1), 41 – 61.

Dhanesh, G. S. 2014. "CSR as Organization-employee Relationship Management Strategy: a case Study of Socially Responsible Information Technology Companies in India." *Management Communication Quarterly* 28 (1), 130 – 149.

Ferrall & Christopher. 1991. "Promotion and Incentivesin Partnerships: Theory and Evidence." Working Paper, Queen's University, Institute for Economic Research.

Heinrich, C. J. 2000. "Organizational Form and Performance: An Empirical Investigation of Nonprofit and For-Profit Job-Training Service Providers." *Journal of Policy Analysis and Management* 19 (2), 233 – 261.

Hekman, D. R., Steensma, H. K., Bigley, G. A., & Hereford, J. F. 2009. "Effects of Organizational and Professional Identificationon on the Relationship between Administrators' Social Influence and Professional Employees' Adoption of New Work Behaviors." *Journal of Applied Psychology* 94 (4), 1325 – 1335.

Horstman, A. J. 2006. "The Revolving Door: Predicting Turnover (Intent to Stay) among Fundraisers in the Nonprofit Sector (Doctoral Dissertation)". Retrieved from ProQuest Dissertation Database (UMI Number: 3249861).

MacLeod, W. Bentley, and James Malcomson. 1988. "Reputation and Hierarchy in Dynamic Models of Employment." *Journal of Political Economy* 96 (4), 833 – 854.

Malik, M. A. R., Butt, A. N., & Choi, J. N. 2015. "Rewards And Employee Creative Performance: Moderating Effects of Creativeself-efficacy, Reward Importance, and Locus of Control." *Journal of Organizational Behavior* 36 (1), 59 – 74.

Mobley, W. H., Horner, S. O., & Hollingsworth, A. T. 1978. "An Evaluation of Precursors of Hospital Employee Turnover." *Journal of Applied Psychology* 63 (4), 408 – 414.

Perrott, B. E. 2011. "Strategic Issue Management as Change Catalyst." *Strategy & Leadership* 39 (5), 20 – 29.

Rosen & Sherwin. 1982. "Authority, Control, and the Distribution of Earnings." *Bell Journal of Economics* (2), 311 – 323.

Steers, R. M., & Mowday, R. T., et. al. 1981. "Employee Turnover and Post-decision accommodation Processes. " in L. L. Cummings & B. M. Staw (Eds.) , *Research in Organizational Behavior* 1 (3) , 235 – 281.

Tsai, C. , & Tien, C. 2011. " Does Organizational Strategic Fit in Supply Chain Relations Affect the Propensity for Strategic Change? : Evidence from Taiwanese Investments in China. " *Chinese Management Studies* 5 (2) , 164 – 180.

中国第三部门研究　第 18 卷
第 45～64 页
© SSAP，2019

日本城市近郊农村混住社会的治理
模式及其对中国的启示[*]

王　猛　邓国胜[**]

　　摘　要：在日本城市近郊的农村，农业人口和非农业人口混住成为一种常态，非农要素的大量进入造成了与传统农村社会和城市社会不同的特殊地域社会，导致原有居民和外来新居民间社会性和空间性的割裂与对立。本文通过案例分析发现，日本城市近郊农村混住化的治理关键在于通过地域性居民组织的分化和整合，维持传统农村社会"私人领域"共同体特点，同时构建具有包容性和开放性的"公共领域"，实现新居民和原居民在共同空间领域的融合。日本城市近郊农村的混住社会治理模式可以为中国的新型城镇化和城乡一体化提供一定的启示。

　　关键词：城市近郊农村　混住社会　组织化治理

---

　　[*]　本研究由清华大学公共管理学院社会创新与乡村振兴研究中心资助。
　　[**]　王猛，青岛大学政治与公共管理学院副教授，北京外国语大学文学博士，主要从事社区治理、非营利组织管理的研究，Email：wei5837@163.com；邓国胜，清华大学公共管理学院教授，中国人民大学法学博士，主要从事非营利组织评估的研究，Email：dgs@tsinghua.edu.cn。

一 引言

2018 年，中共中央、国务院出台了《关于实施乡村振兴战略的意见》，提出"城乡融合发展"的新型农村振兴路径，要求"使市场在资源配置中起决定性作用，更好发挥政府作用，推动城乡要素自由流动、平等交换，推动新型工业化、信息化、城镇化、农业现代化同步发展，加快形成工农互促、城乡互补、全面融合、共同繁荣的新型工农城乡关系"。城乡关系是我国新型城镇化和城乡一体化治理的重点，随着城市规模的扩大和工业布局向城市近郊农村的扩张，城市近郊农村被卷入到城市化进程之中。在此过程中，围绕农村土地使用、公共服务供给、集体资产收益分配、农民－城市居民关系调试等产生了农业生产功能弱化、公共服务供给能力不足、城乡居民冲突等问题。例如，刘玉、冯健（2016）对城乡结合部农业地域功能进行分析后发现，我国的城市近郊农村存在土地流失、农业功能弱化等问题；徐航英、崔恒（2016）认为城市的快速扩张导致流动人口管理混乱、土地资源利用浪费和社区凝聚力弱化等问题；贾凯（2014）从区域平衡发展的视角分析认为，城镇化在一定程度上造成了城乡二元交叉管理、社会治理公众参与度低等问题；谢宝富（2009）通过对北京市城乡结合部的案例分析发现，基础设施不足和公共服务落后是城市近郊农村治理乱象的重要表现之一。2014 年出台的《国家新型城镇化规划（2014－2020 年）》提出了改善城乡结合部环境、推动城乡一体化发展的改革措施，希望城市近郊农村能够成为"改善城市生态环境治理的生态缓冲地带"，并希望通过"推进城乡统一要素市场建设"和"推进城乡规划、基础设施和公共服务一体化"方式，缩小城乡差距，促进城镇化和新农村建设协调发展。但是，如何在城镇化过程中实现农村要素和城市要素的整合，如何实现农村居民和新居民的关系调试，是新型城镇化和城乡一体化治理必须要思考和解决的问题。

历史上，日本也经历过城市近郊农村城市化的问题。20 世纪 50 年代以来，随着城市化的扩张以及城市近郊农村的去农化和兼业化，城市近郊农村的农业人口急剧减少，造成了城市近郊农村"混住社会"的出现。就社会属性而言，城市近郊农村"混住社会"是一种兼具城市与农村双重属性的混居空间。这种具有双重属性的新社会空间难以通过传统的城市概念或农村概念进行解释，日本城市近郊农村社会的出现是否日本整体社会变迁在地域社会的投射？如何从理论上解释日本城市近郊农村混住化现象及其治理的变迁？日本的经验对正处于新型城镇化进程中的中国的城市空间扩展以及在城市化过程中所出现的城市与农村之间张力问题的解决可以提供何种启示？本文尝试从城市近郊农村混住社会的治理视角对上述问题做出回应。

二 文献综述

在日本，"混住社会"或"混住化"概念，是伴随着 20 世纪 50 年代后半期日本经济高速发展，城市化和工业化进程中城市向城市近郊农村空间扩展中出现的一种用于形容城市近郊农村区域中出现的农村要素和城市要素共存现象的。田渕崇裕（1991）在分析城市近郊农村混住社会成因时指出，经济高速发展导致产业结构发生变化，促进了城市近郊农村的去农化和兼业化，进而异化了农村家庭组织和农村结构。混住社会概念正式出现在日本官方报告是日本农林统计协会（1971：125）公布的《农业白皮书》，白皮书提出"农村地区出现的混住化影响了地域社会的共同认识和农业组织活动"。由此，"混住社会"和"混住化"开始成为学术界研究城市近郊农村地域社会变迁的关键词。

首先，对于混住化概念及城市近郊农村混住社会定位的研究。1971年日本发布的《农业白皮书》认为混住化是对传统农业生产集体性和农村共同体社会团结性产生破坏的一种现象。然而，日本农村开发企划委员会（1977：3～47）认为混住化是职业和居住地可以自由选择的成熟社会的必然现象，是一种"矛盾性要素促进发展的流动性社会"，是一种融合了"农业生产社区"和"农村生活社区"的复合体系。随着城市近郊农村出现越来越多的混住化，城市近郊农村开始被认为是一种特殊的混住社会，产生了特殊的功能。广原盛明（1983）将城市近郊混住社会看作是城市要素和农村要素混合在场的第三类空间，是拥有城市生活和田园生活各自优势的空间载体。满田久义（1987：161~222）从社会系统论视角出发，认为不可以将混住化现象简单理解为"城市与农村的结合"或"城市空间郊外扩展现象"，而应将其理解为城市化和产业化对农村社会的渗透，由此造成农村社会价值观念的多样化以及地域自律性的丧失，混住社会是由外部因素产生作用的"外在混住化"和内部居民异化造成的地域自律性弱化的"内在混住化"共同作用产生的。吉田充宏（1990）认为混住化是一种城市化导致的农村土地市场化，在此基础上城市居民和原居民共同生活在村落内，彼此之间产生某种社会连接的过程。田渊崇裕（1991）认为混住化是城市人口向近郊农村流动以及农民内部分化造成的以农民为主体的同质性农村社会转变为异质性居民混住的一种社会形态，因此混住化是农村居民的城市化（适应过程）和城市居民的农村化（同化过程）两种力共同作用的结果。镰田原弘等（2002）认为城市近郊农村的混住化现象并非城市化进程中的过渡形态，而是一种常态。本田恭子（2010：1）认为城市近郊农村混住社会是兼有私人领域（Intimate Sphere）和公共领域（Public Sphere）属性的空间，私人领域是以家庭为单位的，具有邻里互助关系的性质，而公共领域则是具有利害关系调整和形成共同意识的领域。由此，可以看出，城市近郊混住社会是农村要素和城市要素共同作用下形成的一种特殊社会形态，这种混住社会形态既不同于Sorkin、Zimmerman（1929）基于职业分工的城市与农村二分法和Wirth（1938）基于人口数量、人口密度和异质性对农村和城市的划分，又不符合Robert（1938）提出的农村-城市连续体社会变迁理论，而是城市近郊农村由农村向城市转变的过渡形态。因此，单纯的农村社区和城市社区治理理论难以简单套用在城市近郊混住社会，必须结合混住社会中存在具有不同意识和行为方式的农村居民和城市居民共同存在于同一地理空间的实际情况，创新治理方式，既要满足农村人口城市化的需求，又要满足城市人口农村化的需求。

其次，对于城市近郊农村混住社会的功能认识和混住社会形成原因的分析。石田正昭（1986：81）从城市近郊农村出现的混住化和兼业化对传统农村共同体造成的影响视角出发，认为混住化对城市近郊农村的结构造成破坏：第一，异化了居民的行为模式，瓦解了农业生产活动的同质性；第二，弱化了共同体的互助精神；第三，导致生活方式的原子化，降低了村落的整合性功能。然而，桥本卓尔等（2011）从城乡交流和协同视角出发，认为混住化提升了城乡关系的紧密性，促进了城乡关系由空间分离向空间融合发展，同时从社会经济关系视角来看，混住化实现了城乡关系由对立向交流和协同方向的发展。片田敏孝、浅田纯作（1999：289 - 290）探讨了混住社会中新居民和原居民对立与冲突的原因。一方面，新居民与原居民遵循的社会规则不同，主要表现在原居民遵循农村共同体的互助精神，强调村民的同质性，而新迁入的城市居民适应了政府在社区公共服务供给中的角色，强调社区公共事务参与个体的主体性，缺少对农村共同生活中存在的强制性约束的认同。另一方面，对社区参与成本的认识不同。具有城市社区生活经验的新居民认为个人参与社区公共事务的成本主要体现在个人缴纳的税方面，政府在征税之后，应当为社区提供安全、基础设施和环境美化等公共服务；在农村社区，农民在缴纳相应税之外，还需要额外承担安全、垃圾清理、公共设施维护等二次成本。此外，在农村生活中，在人际关系维护、婚丧嫁娶事务、文化活动等方面需要缴纳第三次费用，而且这种费用的支出比城市社区更具有强制性，因此新居民和原居民对社区参与成本存在认同方面的差异，导致双方对地区归属感和价值理念认同方面存在对立和冲突。通过分析可以看出，在日本有关城市近郊农村混住化功能的认识包括消极功能和积极功能，消极功能主要体现在混住化解构了传统村落共同体，导致了新居民和原居民在混住空间的对立；积极功能则从城乡一体化治理角度，认识到城乡要素的交流是城乡一体化治理的重要内容，混住社会为城乡要素交流提供了空间基础。

最后，对于城市近郊混住社会治理的研究。田渊崇裕（1991）观察到城市近郊农村混住社会中新居民和原居民的融合与整合是治理的主要内容，认为政府可以通过制定社区政策的方式，推进新居民的同化过程；市场的治理手段主要是通过企业生产基地建设和住宅建设等方式，将更多的城市要素带入到城市近郊农村，从而异化城市近郊农村社会结构。不过，日本在城市近郊农村混住社会治理中，重点关注居民的自组织治理。石田正昭（1986）认为城市近郊农村社区共同体建立在居民意识和行动基础上，而混住社会中新居民身上所表现出来的功利主义特征导致农村伦理的丧失，降低了农村村落自治功能。自治功能的弱化主要体现在村落公共事务治理的“外部化”，即通过政府和市场化手段替代了传统的集体行动，导致失去伦理和秩序约束的居民个体开始追逐个人利益的最大化。因此，解决混住社会所带来的失序问题，关键在于通过居民的集体行动和组织化方式，重构伦理秩序，进而实现社区的可持续发展。镰田原弘等（2002）认为针对混住社会，由于地方政府面临财政不足的问题，很难通过完善基础设施等方式实现混住社会的重生，因此可以通过强化地域性居民组织、提高不同年龄段新居民与原居民的社区参与度来实现混住社会的整合。由此，引出了城市近郊农村的组织化治理，即城市近郊农村的治理可以通过分化和整合的方式，实现地域性组织更新，地域性组织在维持农村地域社会传统结构的同时，也要构建具有包容性和开放性的组织结构，吸纳城市要素，进而实现混住社会结构的稳定。高桥诚（1987）通过分析城市近郊农村混住社会中居民行为空间移动性和空间指向性发现，组织和制度是农业生产的主要影响因素，也是在村落社会实现农业人口整合的关键，但是外来新居民由于属于非农业人口，因而降低了其对村落社会的归属感，导致新居民在空间和社会层面与村落社会分离，但是，新居民可以通过行政村各种非农业组织建立与村落社会的沟通渠道。在此基础上，高桥诚（1993）分析了城市近郊农村地域性组织如何在政府和市场治理中发挥作用，认为城市近郊农村新居民和原居民之间的对立和冲突具有复杂性，超出了传统村落组织体系解决能力的范畴，而政府有限的财政决定了政府也难以提供有效的解决方案，因此需要重构地域性居民组织。片田敏孝、浅田纯作（1999）认为在混住社会中，居民对社区的认同并非建立在政府投资建设的基础设施所带来的便利性基础上，而是由邻里关系和社区参与成本所决定的。由此，解决混住社会新居民和原居民冲突的关键不在于政府的社会基础设施建设，而在于构建良好的邻里关系。日本农村社区居民的行为主要采用组织化方式，通过参与部落会、自治会、妇女会、农业协会等组织实现人与人之间的互助和协作，因此，城市近郊农村混住社会治理的关键在于如何将不同属性的新居民和原居民有效嵌入各类组织体系，实现新居民和原居民在组织体系内的交流和互助。坂村圭（2016）从土地资源管理角度分析了混住化下的城市近郊农村土地不仅具有生产性功能，而且具有景观、防灾、交流、教育、自然等多重功能，因此，对于城市近郊农村的土地管理，要改变政府通过政策进行规制的单一手段，应当以新居民和原居民为主体，构建地缘共同体，实现自下而上的土地管理。从上述分析可以看出，城市近郊混住社会治理也存在多主体的治理，即政府治理、市场治理和居民自治。但是，基于城市近郊农村混住社会的特殊性以及日本地域社会治理的传统，居民自治相较于政府治理和市场治理更加有效。其中，组织化治理又是居民自治的主要途径，因为日本的农村社会是一种同质性社会，其运行是建立在不同性质和不同层级组织基础上的，因此，组织化治理具有历史的文化基础，也具有现实的组织基础。

综上，可以看出，日本学术界对城市近郊农村治理的路径选择形成了相对一致的意见，即城市近郊农村具有特殊的文化和历史传统，因此，以居民为主体的内生型治理相较于以政府和市场为主体的外生型治理，其治理成本较小。在组织化载体方面，目前，日本城市近郊农村中的组织主要有自治会/部落会①、农业组织等。因此，本文将通过案例分析的方式，具体探讨自治会/部落会、农业组织等组织载体面对社会混住化程度的加深，如何解决新居民和原居民之间产生的冲突，以及如何通过组织化方式实现城市近郊农村社会整合。

三　天满地区混住化案例分析

满田久义（1987：161 – 222）从社会系统论视角出发进行分析后认为，不应将城市近郊农村的混住化单纯理解为"城市与农村的融合"或"城市空间扩展造成的郊区化现象"，而应将其理解为"农村社会在城市化与产业化等外部要素侵入的情况下，转变为由异质性要素构成的地域社会，由此带来区域内价值体系的多样化以及地域社会组织性功能的弱化"，这一过程伴随着传统地域社会组织管理和服务功能的弱化，是一种地域自律性的丧失。为此，如何实现传统农村组织的更新，重构私人领域（Intimate Sphere）的自律性关系到城市化进程中农村要素能否继续保持。同时，在混住化程度不断加深的情况下，如何从组织层面应对新居民的大量涌入，构建一种具有包容性和开放性的公共领域（Public Sphere），也决定着城市近郊农村能否避免由于混住化而带来的社会撕裂，实现新的社会团结。德野贞雄（1987）认为，混住化并不必然导致农村土地所有关系、村落集体财产关系、农民生产和生活组织等的解体，而是可以通过自组织方式实现对农村要素与城市要素的整合。在此基础上依据新居民和原居民在组织中的参与度、自律度可

---

① 自治会/部落会是日本一种地缘性基层居民自治组织，在功能上主要包括两种：一是协助基层政府处理自治会/部落会辖区内部公共事务，向居民传达行政性事务通知的对上功能；二是基于与居民之间的委托代理关系，组织居民参与社区公共事务，推进社区居民自治的对下功能。虽然日本的自治会/部落会与基层政府之前存在一定的资源依赖关系，但是其在人员选举、组织活动、资金来源等方面更多地依赖社区居民。

以将混住化社会的自治组织划分为吸收型、割裂型、从属型和连带型①
四种。

为明确地域性居民组织在混住化城市近郊农村治理中的功能，下
文将结合日本兵库县大津区天满地区的案例，分析混住化背景下如何
通过地域性居民组织的分化与整合维持农村社会的传统性，同时实现
新居民和原居民在生活空间的整合。本文选择天满地区作为案例分析
对象的原因有两点。第一，在城市化和工业化之前，天满地区形成了农
业生产组织（负责水稻种植用水）、农民生活组织（自治会）以及具有
宗教性质的村民互助组织（"组"和"同行"）等各种类型的组织，村
民在生产和生活中通过加入不同的组织，获得与其他村民的社会联系。
这种组织形态和组织生活在日本具有较强的代表性。第二，自 20 世纪
60 年代开始的高度经济发展时期，天满地区与其他城市近郊农村一样，
经历了快速的城市化和工业化，农业和农村在劳动力和土地资源等方
面面临着工业和城市的挤压，由此在城市近郊农村形成了城乡要素之
间的紧张关系。这种紧张关系在日本政府主导的六次大规模国土开发
过程中普遍存在。本文主要是运用兵库县、大津区政府公布的资料、学
术文献对案例进行历史分析，从而呈现天满地区在混住化进程中面对
新居民和原居民冲突和社区解构所采取的应对策略。

（一）地域性居民组织的分化：维持城市近郊农村的传统性

兵库县大津区天满地区（原天满村）原本是兵库县姬路市的近郊
农村，随着 20 世纪 60 年代日本经济进入高速发展时期，日本制铁等钢
铁企业进驻，农业人口开始大量外流。日本《农林业普查》和《国情

---

① 吸收型强调新居民被吸收到传统的村落组织，维持村落传统自治组织的形态；割裂型强调
新居民在地理空间上与原有村民保持一定的距离，组建主要由新居民构成的自治组织；从
属型强调新居民成立新的自治组织，但该组织置于农村原有自治组织之下；连带型强调新
居民和原居民分别成立新自治组织或维持原有自治组织，两种自治组织通过联合方式成立
更高一级的自治组织。

调查》显示，1970～1990 年，天满地区从事农业的家庭户数从 121 户减少到 76 户。与此同时，天满地区的总户数从 1951 年的 246 户增加到 1990 年的 2424 户。从居民属性来看，天满地区的居民主要由传统农户、当地非农户①和外来城市居民三部分构成。天满地区的混住化肇始于城市近郊农村内外社会结构的变化。本田恭子（2010）认为，城市近郊农村混住化一方面是由于农村内部去农化和兼业化造成传统农村居民生活方式的城市化，另一方面是由于城市居民从城市空间向农村空间转移过程中，将城市生活方式带入到传统农村社会。

田渊崇裕（1991）认为，随着混住化程度的加深，传统以农村居民为主要构成人员和服务对象的地域性居民组织面临组织功能弱化的风险，即传统地域性居民组织如何应对混住化过程中新居民的同化以及原居民的混住化社会适应性等问题。天满地区的传统地域性居民组织为天满自治会，根据历史传统，天满自治会又可以划分为"东部"和"西部"，在自治会之下又设置 8 个"组"，东西各 4 个"组"。"组"既是一种地缘性组织，主要负责居民自治会费的收取、基层政府政务信息传达、自治会会长推荐等所有与居民农业生产和生活密切相关的一切公共活动，也是一种具有共同宗教信仰的居民组织，此时"组"也被称为"讲"。此外，天满自治会还包括"圣安寺"佛教檀家组织的"同行"，"同行"一方面宣传佛法，但其更重要的是发挥丧葬仪式互助功能。按照传统，当地的居民必须同时加入"组"和"同行"。在混住化形成之前，作为农业生产中最重要的部分——农业用水管理一直是天满自治会的主要功能，主要负责水库管理、灌溉设施管理和沟渠疏浚等。但是，随着混住化的推进，传统上基于东西部划分的地理空间重新被划分为 3 个区，其中，1 区主要是新开发的居民社区，2 区是原来属于东部地区的 4 个"组"的居民和新迁入的居民，3 区是原来西部 4 个"组"的居民和新迁入的居民。

---

① 当地非农户主要是指分家而脱离农业生产，但是依然居住在当地的人口。

　　传统上，天满自治会作为农业用水管理组织，负责自治会费和水资源使用费的征收，以及管理农村公共财产所产生的收益。但是，随着非农人口的增加，围绕农业用水管理、农业用水费征收及农业水利设施收入是否在新居民和原居民间进行分配产生了分歧，新居民认为自己属于非农业从业人员，不应当缴纳水资源费用和参与水利设施管理，原居民认为新居民不属于原住居民，不应当享有水库等水利设施产生的收益。本田恭子（2010）认为，在混住化地区，新居民和原居民对于是否参与水利等地区资源管理在认识层面存在分歧，这有可能导致新居民和原居民之间的对立和冲突。为此，1981 年，以村落原住民为主要成员和服务对象的"水利协会"从"天满自治会"独立出来，成为专门管理农业生产的专业性组织。在内部治理机制方面，水利协会采用封闭性内部治理方式，只允许村落原住民（从事农业生产的原住民；原来就加入水利协会，但并不从事农业生产的原住民；原来未加入水利协会，亦不从事农业生产的原住民）加入，拒绝外来新居民加入。分化独立出来的水利协会主要负责原天满村水利资产管理、农业用水管理以及排水设施管理等。其中，在排水设施管理上，由于排水设施不仅关系着农业生产活动，也关系着全体居民的生活排水，因此，采取与天满自治会合作的方式，共同管理。水利协会在组织管理上，继承了传统的组织架构，由东西两地区分别选派协会会长、副会长以及理事，同时，延续了沟渠疏浚、水库疏浚等公益性活动。

　　通过以上分析，可以看出在混住化背景下，农村公共资源是导致新居民和原居民冲突的重要因素。冈桥秀典（1992）指出，农村社会的公益性功能主要依附于农村公共资源，传统村落组织是这些资源的管理者，但是，随着受益群体边界的扩大，会产生各种矛盾。为避免产生可能的社会撕裂，天满地区采用组织分化方式，将原有与农业生产关系紧密的功能从自治会中独立出来，以维持农村社会互助文化，彰显城市化进程中农村的特殊性。

（二）地域性居民组织的整合：推进新居民的社会融合

水利协会的成立反映了城市近郊农村面对日益加快的城市化，试图通过组织分化方式，保持农村文化传统。但是，在混住化已经成为城市近郊农村不可逆现象的情况下，如何在保持农村要素在场的情况下，实现城市生活意识和行为模式等要素在混住化空间的有效融合，关系着城市近郊农村混住社会的稳定性。

随着大量外来人口涌入天满地区，为满足这些在地理空间与传统村落存在割裂的新居民的需求，新开发社区的居民组织纷纷从传统的天满自治会独立出去，如"天神自治会"（1955年成立，主要负责天满地区南部政府保障性住房、企业员工住房小区的居民事务）、"惠美酒自治会"（1955年成立，主要负责天满地区北部保障性住房、企业员工住房小区的居民事务）、"大津团地自治会"（1965年成立，主要负责天满地区北部大津小区的居民事务）、"五反长自治会"（1964年成立，主要负责商业街的公共事务）、"安田自治会"（1973年成立，主要负责新日铁公司员工住房小区事务）（大平和弘等，2014：702－703）。上述5个居民自治组织全都是新成立的组织，且构成人员与服务对象主要是流入城市近郊农村的城市购房者，这种分化属于德野贞雄所提出的割裂型发展模式。在割裂型发展模式下，新居民只能参与分化和独立后的小型社区公共事务，但是对于一些承载着天满地区历史和文化的公共文化活动，缺少参与的途径，从而限制了新居民产生地区共同体认同感，也阻隔了新居民主动与原住民融合。大平和弘等（2014：706）通过考察天满地区具有1700年历史的"鱼吹八幡神社秋季例祭"文化活动的参与情况发现，天满地区的文化活动主要是由上述5个居民自治组织以外的"天满自治会"组织负责，这5个地区的新居民缺少参与文化活动的途径，从而降低了其对社区的认同感。"参加活动的家庭社区认同感较高，即使是去现场观看活动的家庭在地区活动参加度和地区认同度方面都高于那些与活动无关的家庭。"（大平和弘等，2014：

706）除了上述 5 个新开发的居民区，在天满自治会之下，还存在 1～3
区，为避免 2 区和 3 区也出现上述地区公共活动参与渠道缺失的情况，
也为了促进新居民和原居民更好地融合，天满自治会采取了开放性态
度，积极欢迎新居民参与天满自治会下属的"组"和"同行"。

天满自治会下辖的 3 区有 5 个"组"，其中 1～4"组"主要由村落
原居民构成，5"组"由新迁入的居民构成，1～4"组"中分别又存在
1～2 个"同行"组织。此外，1～4 组作为"讲组"，属于当地传统宗
教组织"净土真宗"的下属组织。由此，1～4 组则具有了三重属性，
分别是自治会的"组"、"讲组"和"同行"（见表 1）。

表 1　"组"与"同行"的功能

1～4 组（沿袭了传统"组"的形式和功能）	5 组（新开发居民区的"组"）
作为天满自治会下属的组，主要负责： 　向居民征收自治会费； 　传达政府和天满自治会下发的通知	征收自治会费； 　传达政府和天满自治会下发的通知； 　选举组长和推荐天满自治会委员； 　作为天满自治会的下设单位，负责辖区的环境美化工作
作为"讲组"，主要负责： 　选举组长； 　推荐天满自治会会长和委员； 　选举水利协会理事和农协理事； 　选举圣安寺负责人； 　作为天满自治会的下设单位，负责辖区的环境美化工作； 　与水利协会合作，开展排水设施疏浚维护工作	
作为"同行"，主要功能包括： 　居民丧葬仪式的互助； 　宗教教义宣讲； 　居民集体旅游等娱乐活动	

可以看出，继承传统的 1～4 组相比新成立的 5 组（新开发居民区
的"组"）在功能上更为多样化，且这些功能主要涉及地区公共活动。
因此，作为外来新居民要想获得参与地区公共事务的渠道，除了通过 5
个新开发居民区的组织之外，还需要参与 1～4 组。对此，天满自治会
采取了积极和开放的态度，除允许 5 组，即新开发居民区的居民参加该
地的组织，还允许他们基于自己的意愿选择加入 1～4 组的"讲组"和

"同行"。对于新居民来说，加入1~4组的"讲组"和"同行"之后，就获得了地域社会公共事务的发言权，通过参加地区具有传统特色的各类文化公共活动和宗教活动，不同属性的新居民和原居民有效嵌入各类组织体系，可以在体系内交流和互助（片田敏孝、浅田纯作，1999），从而培养集体意识，重构混住社会的伦理秩序（石田正昭，1986），形成统一行动必须遵守的社会规则。这种变化符合本田恭子（2010）提出的私人领域向公共领域的变迁，即新居民加入后的天满自治会成为一种具有利害关系调整和形成共同意识的公共领域。由此，化解了第一代迁入居民与原居民之间潜在的冲突，同时在新的公共领域中，新居民和原居民的后代因为可以享受共同的组织生活，可以为混住社会的可持续发展提供基础。

从以上案例可以看出，面对不可逆转的混住化趋势，作为城市近郊农村的天满地区通过组织分化和整合的方式，试图调节新居民和原居民在共同的生活空间因意识和行为方式不同所产生的对立和冲突（见图1）。

首先，组织化的目的，一是通过分化专业农业生产组织，维护农业生产共同体，实现城市近郊农村中农业的可持续发展，同时，通过设置农业生产组织成员加入的限制性条件，实现组织成员对组织的认同感，推动内化于组织活动中传统文化的发展；二是通过开放生活性组织，将新居民吸纳到组织体系中，构建组织内新居民和原居民的集体活动，培育集体意识，重构地域自律性。

其次，通过组织化方式对城市近郊混住社会进行治理，需要满足两个条件：第一，城市近郊农村存在传统的村落组织，这种村落组织是农村集体活动和农业集体活动的基础，在混住化过程中，为最低限度维持近郊混住社会中的农村要素，需要将农业生产组织独立出来；第二，为满足混住社会中新居民参与社区公共事务的需求，减少由于缺少社区公共事务参与路径而导致的新居民和原居民冲突的可能性，必须构建开放性的组织，这种开放性组织允许新居民和原居民共同参与。

　　再次，组织化治理的过程体现了自治的理念和方法，面对混住社会，无论是重构封闭性的农业生产专业组织，还是开放性的生活类组织，都是原村民或新村民协商和博弈的结果。这种组织化治理过程本身就是一种社区居民自治能力训练的绝好机会，也为混住社会可持续发展提供了治理的经验和能力。

　　最后，城市近郊农村混住社会的组织化治理带来了两种结果：第一，通过组织分化保留城市近郊混住社会中的农村要素，避免农村被城市单向度吸纳，为未来的城乡交流和城乡一体化治理提供了空间；第二，在城市化和城镇化规模不断扩大的情况下，城市近郊农村混住社会的组织整合，满足了城市居民在城市近郊农村生活过程中对社区融合、公共事务参与的需求。

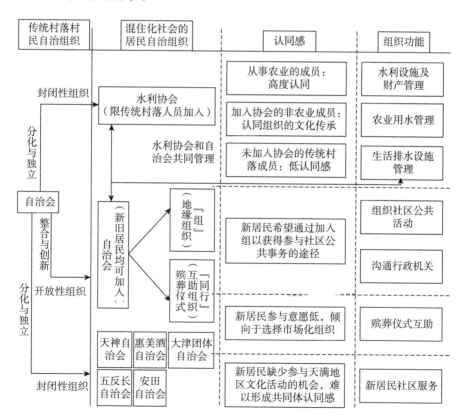

图1　天满地区混住化中的居民组织化治理路径

四 日本城市近郊农村混住社会组织化
治理对中国的启示

日本城市近郊农村混住社会的形成一方面是随着城市化的发展，城市人口、资源、生活方式等要素向城市近郊农村扩展的结果，另一方面是农村去农化和兼业化造成传统农村共同体解构的结果。城市近郊农村的混住化对农村的土地使用关系、人际关系等产生影响，也为城乡关系重构提供了新的空间载体。通过对城市近郊农村混住社会的组织化治理的研究发现，地域性居民组织面对混住化，具有较强的适应性：通过组织分化方式，维持了传统农村共同体的农业生产集体意识和农村生活互助习俗；通过组织整合方式，吸纳城市人口、资源和文化要素，形成一种具有包容性和开放性的组织空间。随着日本经济20世纪90年代后进入"停滞的20年"，无论是城市居民还是农村居民，其对于生活方式的认识以及对现代化的认识都进入到一个不断自我反省的时期，在承认城乡在空间和要素方面存在差别的基础上，构建一种融合生活要素与经济要素的新公共空间；通过交流和协同方式，实现城乡一体化治理。

虽然中日两国在农村土地性质、城市化动力、城乡社区治理主体权力配置等方面存在诸多不同，难以照抄照搬日本的经验，但是由于中日两国在文化方面存在一定的共通性，在社会变迁方向方面存在相似性，例如，日本的农村社会结构也是一种建立在"熟人社会"基础上的网状结构，乡规民约、人情等因素影响着共同体的整合和人际关系互动；日本农村也经历过空心化和城市边界向农村的过度扩张等。特别是在城市近郊农村场域中所发生的新居民和原居民围绕集体资产收益分配、生活方式和生活理念、公共事务参与权利等方面产生的冲突方面，中国与日本存在相似的地方。因此，日本城市近郊农村混住社会治理可以为我国新型城镇化和城乡关系建设背景下的城市近郊农村混住社会治理提供一定的启示。

第一，在日本，城市近郊农村混住社会不是农村向城市转变的过渡形态，而是城乡关系发展过程中的一种常态。城市近郊农村混住社会不能以传统的城乡二元结构视角或城乡连续体变迁视角进行解释。这种混住社会形态是城乡关系在宏观社会经济发展过程中长期存在的一种新的公共空间形式。因此，我国在推进新型城镇化过程中，应当意识到城市近郊农村不是走向城市化形态的过渡产物，而是在较长时间内存在，缓解农村城市化和城市农村化之间张力的空间，需要将其看作独特的空间形态，从认识上重视城市近郊混住社会的存在，强化对其治理的探索和研究。

第二，在推进新型城镇化过程中，要重视城市近郊农村传统文化和公益性功能可持续发展。日本城市近郊农村混住社会的出现，一方面是城市化向农村扩张的结果，另一方面是农村互助的邻里关系、优美的自然环境、淳朴的生活方式、缓慢的生活节奏等因素吸引城市人口主动向农村流动的结果。因此，着眼于未来的城乡关系，应当用可持续的眼光看待城镇化，将城市近郊农村看作未来城乡居民交流的空间载体。目前，我国的城市化率不足60%，与发达国家的水平相比仍存在较大差距，但是，在积极推进城镇化过程中，应当避免将城市化看作城市规模的单向度的扩大或者形成城乡结合部的"污名化"和"村落终结的起点"认知，应当从城乡居民交流的角度，重视城市近郊农村的存在对城市和城市居民的重要意义。

第三，城市近郊农村混住社会中的地域性居民组织是应对混住化的有效手段。面对不断异化的村落共同体，地域性居民组织可以通过分化和整合等方式，实现组织的自我更新，从而继续发挥传统村落社会生产和生活载体的功能。同时，改变封闭状态，实现地域性组织对新居民的吸纳和整合，为新居民和原居民生活方式层面的整合提供组织载体。目前，我国城乡结合部或城中村在治理过程中遇到一个困境是居民社区参与的组织化缺失，特别是能够对原居民的城市化和新居民的同化发挥作用的居民自组织相对缺乏，导致原居民难以通过组织化方式应对不断加深的混住化，新居民也缺少融入混住社会的组织渠道，从而导致混住社会个体原子化程度加深和社会撕裂。特别是在原本集体经济较为发达的城市近郊农村，在混住化进程中，围绕集体资产收益的分配和社区公共事务参与权利等，新居民和原居民之间产生了较为严重的对立和冲突，影响了新居民和原居民在意识和行为层面的整合。因此，可以构建地域性居民组织，一方面，构建以原居民为主要服务对象的专业性生产组织，维持农业生产和集体经济的可持续发展；另一方面，构建开放性生活组织，吸纳新居民参与涉及全体居民生活的社区公共事务，为新居民和原居民的交流和合作提供空间载体。

【参考文献】

贾凯，2014，《新型城镇化背景下城乡结合部社会治理问题研究》，《理论导刊》第 3 期，第 10～13 页。

刘杰，2013，《我国城市化进程中城乡结合部的功能定位分析》，《贵州社会科学》第 4 期，第 28～32 页。

刘玉、冯健，2016，《城乡结合部农业地域功能研究》，《中国软科学》第 6 期，第 62～72 页。

田毅鹏、韩丹，2011，《城市化与"村落终结"》，《吉林大学社会科学学报》第 2 期，第 11～17 页。

谢宝富，2009，《我国城乡结合部治理面临的问题及对策研究——以北京市城乡结合部为例》，《中国软科学》第 S1 期，第 170～173 页。

徐航英、崔恒，2016，《城乡结合部社区治理方式转型：社区整合与网格管理——以宜昌市五家岗区城乡结合部阳村为例》，《行政与法》第 6 期，第 11～19 页。

坂村圭「都市近郊農地の持続的な管理に向けた共同活動の現代的役割」東京工業大学博士論文，2016 年 9 月.

本田恭子「混住会が引き起こす都市近郊農村の自治組織と地域資源管理の再

編」『京都大学グローバルCOE「親密圏と公共圏の再編をめざすアジア拠点」ワーキングペーパー（次世代研究）』第 23 号，2010 年，pp. 1 – 15.

大平和弘・中堀卓・浦出俊和・上甫木昭春「市街化に伴う自治会分割地域における居住者の祭りへの関わり方とコミュニティ意識」『ランドスケープ研究』第 77 巻第 5 号，2014 年，pp. 701 – 706.

徳野貞雄「ニュータウン開発にともなう混住化社会の地域組織形態と地域紛争」『山口大学文学会誌』第 38 号，1987 年，pp. 43 – 68.

岡橋秀典「農村の土地問題と環境保全」，石井素介編『産業経済地理―日本―』朝倉書店，1992 年．

高橋誠「都市近郊農村における住民自治組織の機能的特性―新潟県黒崎町におけるアンケート調査の結果から―」『名古屋大学文学部研究論集』第 116 号，1993 年，pp. 97 – 119.

高橋誠「人口流入村落における住民行動の多様性と村落社会の統合性―新潟県燕市松橋集落の事例―」『人文地理』第 39 巻第 2 号，1987 年，pp. 42 – 56.

広原盛明「農家非農家混住社会から都市農村共生社会へ―都市農業者と都市住民の地域共同生活体験を通して―」『建築雑誌』第 98 巻第 1205 号，1983 年，pp. 25 – 27.

吉田充宏「都市近郊『農村』の混住化に関する社会地理学的研究―旧広島市近郊の一集落を事例として―」『人文地理』第 42 巻第 6 号，1990 年，pp. 21 – 37.

鎌田元弘・坂本淳二・細矢健太郎・西村昌彦「混住化農村地域における新住民行政区のコミュニティ形成―混住化による再編過程を経た行政区を事例として―」『日本建築学会計画系論文集』第 67 巻第 555 号，2002 年，pp. 215 – 222.

満田久義『村落社会体系論』ミネルヴァ書房，1987 年．

農村開発企画委員会「混住化社会の定住構想」『農村工学研究』第 15 号，1977 年．

農林統計協会『図説農業白書昭和 46 年度』，農林統計協会，1972 年．

片田敏孝・浅田純作「混住化社会における住民の住み良さ感の構成に関する
　　研究」『土木計画研究・論文集』第 16 号，1999 年，pp. 289 – 295.

橋本卓爾・藤田武弘・大西敏夫・山田良治『都市と農村—交流から協同へ』
　　日本経済評論社，2011 年.

石田正昭「農村の都市化・混住化と集落機能の変化」『三重大学農学部学術
　　報告』第 73 号，1986 年，pp. 81 – 98.

田渕崇裕「混住会社会における住民の地域対応：岡山市大窪集落を事例とし
　　た住民行動の分析」『地理科学』第 46 巻第 1 号，1991 年，pp. 9 – 32.

Robert，R. 1938. “The folk society and culture,” *American Journal of Sociology*，45
　　(5)，731 – 742.

Sorkin，P. & C. C. Zimmerman. 1929. *Principles of Rural-urban Sociology*. New York：
　　Henry Holt and Company.

Wirth，L. 1938. “Urbanism as a Way of Life,” *The American Journal of Sociology*,
　　44 (1)，1 – 24.

中国第三部门研究　第 18 卷
第 65~78 页
© SSAP，2019

中国高校基金会组织结构的优化策略研究[*]

殷　洁[**]

摘　要：高等教育面向社会化逐步推进，高校基金会由此迎来了前所未有的发展机遇。通过文献研究和经验归纳，本研究发现：高校基金会组织结构与组织发展关系密切；提升筹资效率需要精干高效的专业团队，校长和首席筹款官是筹资团队中的关键少数个体；简化业务流程有助于提升筹资效率。高校应该提升筹资团队中关键少数的影响力，并通过组织制度予以巩固和拓展，对组织结构进行分层调整，通过决策层、操作层和监督层的协同提升筹资效率。

关键词：高校基金会　帕累托法则　组织结构　优化策略

一　问题的提出

高校基金会筹资是指高校基金会争取社会捐赠，加强高校与各捐

---

[*]　基金项目：国家社会科学基金重大项目"促进中国慈善事业发展的法律制度创新研究"（17ZDA133）的阶段性研究成果。

[**]　殷洁，上海交通大学教育发展基金会副秘书长、副研究员，上海交通大学公共管理学博士，主要从事基金会管理、基金会保值增值方面的研究，E-mail：yinjie@ sjtu. edu. cn。

赠主体之间的关系，以缓解高校财政经费不足的困境。这是提升高校综合实力的重要举措，也是中国高校实现可持续发展的客观选择。中国高校筹资起步较晚，最早可以追溯至 20 多年前，1993 年首家高校基金会——福建集美大学教育发展基金会成立。2004 年，国务院《基金会管理条例》颁布，规定"基金会及其捐赠人、受益人依照法律、行政法规的规定享受税收优惠"，以及"基金会应当根据章程规定的宗旨和公益活动的业务范围使用其财产"，明确指出应"维护基金会、捐赠人和受益人的合法权益，促进社会力量参与公益事业"。2009 年，中央财政设立配比资金对中央级高校的捐赠收入实行奖励补助，引导和鼓励社会各界向高校捐赠，进一步促进中国高等教育事业发展。多项政策的引导激发了高校的筹资积极性，高校在民政部门纷纷登记注册成立基金会，高校筹资工作迅猛发展。

中国净资产排名居前列的高校的年度捐赠收入已基本过亿元，有的甚至超过十亿元（见表 1），捐赠收入、公益支出和净资产排名居前十名者均有高校基金会。而根据《中国大学教育基金会发展报告（2018）》的统计，截至 2017 年 12 月 6 日，全国已有 527 家高校成立了基金会，年均新增十余家，中国高校筹资团队逐步形成规模化和专业化。在经济社会发展推动和高校自身重视下，专职机构和筹资规模不断扩大，高校筹资已经发展成为高等教育面向社会办学的重要内容之一。

既有研究主要聚焦在高校基金会内部运作（郭力，2014；李洁，2010）、资金管理（李晓新、刘晔、张宏莲，2008）、投资风险（殷洁，2017a；曹辉、李茹莹，2016）、信息公开（吕杰、宗文龙，2013）、公共责任（王俊、骆威，2017）等方面。一方面，影响高校基金会发展的因素有很多，但组织结构方面如高校领导是否积极参与筹资工作、基金会专职团队的建设和发展等至关重要（殷洁，2017b）；另一方面，国内有关筹资结构的研究却十分欠缺。以"高校基金会"为关键词搜索，1990 年 1 月至 2018 年 6 月，仅有 25 篇 CSSCI 论文，且 95% 以上的作者只发表过一篇论文，这表明该研究领域起步较晚，相关跟踪研究也

表 1　2018 年中国净资产排名居前十位的高校的相关财务数据

单位：万元

基金会名称	成立时间	所在地	净资产	捐赠收入	公益支出
清华大学教育基金会	1994	北京	834163.21	213621.88	131264.13
北京大学教育基金会	1995	北京	570238.29	127498.20	47365.51
浙江大学教育基金会	2006	浙江	277726.74	45485.31	58251.25
上海交通大学教育发展基金会	2001	上海	142714.42	33669.57	13370.52
南京大学教育发展基金会	2005	江苏	125932.00	14010.00	6927.00
厦门大学教育发展基金会	2006	福建	105638.28	6908.02	6352.91
北京师范大学教育基金会	2004	上海	96719.36	40186.01	10999.22
上海复旦大学教育发展基金会	2005	北京	82091.45	27840.52	19544.56
北京市中国人民大学教育基金会	2004	北京	76852.26	8467.36	9837.86
北京航空航天大学教育基金会	2007	北京	65216.95	2128.76	5686.86

资料来源：数据摘自高校筹资联盟网站，https://mp.weixin.qq.com/s/SG_6E9h6XTrT22VjvOiPyQ，最后访问日期：2019 年 1 月 20 日。

不足。这 25 篇论文中有 85% 属于教育学学科，有 15% 属于财务会计学科，只有 1 人的研究涉及相关财政与税收，主要研究筹资策略和筹资能力，但也尚未涉及组织结构。高校基金会内部组织机构的研究匮乏，这一关键问题研究的缺失，不利于对高校基金会内部治理形成整体性认识。本文采用文献研究、参与观察方法，在对部分高校基金会负责人进行访谈和问卷调查的基础上初步获得对组织结构问题的认识和解释概念的归纳。在具体分析中，本文将帕累托效应作为分析组织结构的基本框架，并试图将其拓展为组织结构三个层面对内部治理影响的分析。

二　分析基础

1897 年，意大利经济学家维弗雷多·帕累托发现少数人占有了大部分的财富与收入，相关人群的财富分配呈现一种可预见的失衡，而且这种失衡模式持续性地重复出现。帕累托效应或法则又名二八定律，揭示了原因与结果之间普遍存在着不平衡关系。研究者理查德·科克发现，现实世界里，原因和结果的关系模糊不清，复杂的反馈回路干扰了投入；一些表面上看来无关紧要的原因导致了体系的重大变化，这是微小的系统性差异造成的；平衡转瞬即逝并带有迷惑性，存在一种反复出现但不规则运作的模式；组织间从来没有在公平基础上开展竞争，也不可能在各个业务领域都获得盈利。帕累托法则认为，投入与产出、努力与收获起关键作用的小部分，通常能主宰整个组织的产出、盈亏和成败。帕累托法则存在三大假设：（1）具备事前判断关键与非关键事务的信息，用于判断关键少数和一般多数；（2）关键事务或环节是可调控的，关键因素是人类群体理性选择的结果；（3）少数关键因素与多数一般因素这两者之间独立不相关。

帕累托法则认为，效率原则和公平原则与帕累托法则存有关联度，效率原则强调制度安排是否增进了效率。帕累托在提出其法则时并不仅仅是指金钱或财富最大化，更是指效用最大化；同时，帕累托法则也往往被认为接近常识，接近社会安排应互利这一原则（朱富强，2010）。帕累托法则成了西方现代经济学中所讲的效率的专有名词，而有人认为效率与公平是对立的，因此容易忽略帕累托的公平前提。帕累托法则追求效率的前提是不伤害他人利益，其包含着自由主义的公平思想。但在社会经济运行过程中，更多时候，提高效率必须牺牲一些公平，或保证公平必须放弃一些效率（鄢奋，2009）。效率原则和公平原则之间并非对立关系，实践时没有必要强调某原则而打压另一原则，可以将二者关系处理得更加富有弹性而非刚性。

帕累托法则在商业运作中已经有诸多应用。帕累托法则可以应用到客户关系领域，认为把客户分为三六九等，目的不是歧视客户，而是采取一种正确的战略措施保留住高价值客户，把握并充分利用客户这个战略性资源；帕累托法则可以应用到投资组合领域，认为借助于逆向思维的理念，投资成功的关键在于熟知的小部分，应追求专精；帕累托法则还可以应用到质量管理领域，通过找到作为关键少数的质量缺陷，集中力量处理，而不是试图一劳永逸地解决所有问题。帕累托法则不仅可以用于客户关系、投资组合和质量管理，还可以用于人力等资源组合（鄢奋，2009）。本文以帕累托法则分析高校基金会组织结构，基于四点考虑：其一，高校基金会筹资团队面对有限教育捐赠资源的市场竞争，需要遵循效率原则；其二，善款用于教育领域的公益性质，也决定了高校筹资团队还必须遵循公平原则，具备部分公共服务的性质；其三，高校筹资受制于政策、经济、法律、公众心理、捐赠人偏好、高校投入程度等诸多因素，资源配置的稀缺使高校基金会筹资团队建设必须考虑非线性和多样性等特点；其四，关键少数因素的作用至关重要，组织结构中的关键性因素对整体效率的影响需要受到重视。

三　组织结构中的关键因素

组织团队建设在影响组织发展过程中属于少数关键因素，作为基础条件，筹资需要一支精干高效的专业团队。中国高校虽然已开始重视筹资工作，但目前仍然缺乏足够的专职人员。2014 年基金会的专职工作人员共计 12405 人，年增长率达到 16.51%，但平均每家基金会拥有专职工作人员仅 3.3 人，与 2013 年平均数一致，专职工作人员偏少。2014 年，有 915 家基金会无专职工作人员，占比为 24.32%，与 2013 年相当。大多数基金会拥有 3 人及以下专职工作人员，累计占比达 67.54%（见表 2），人才困境成为制约筹资能力的重要原因。

2014 年全国基金会支出总额为 465.82 亿元，其中公益支出占总支出的 97.25%，行政办公费用支出占比为 0.91%，人员工资福利支出占比为 1.16%（中国基金会发展报告课题组，2016）。这一方面说明包括高校基金会在内的基金会行业用于专业团队的人力、物力投入较少，另一方面说明筹资团队的人力资源管理模式不具备激励机制，没有达到筹资工作的效率要求。可预见的是，中国公益筹资团队的发展困境将会在较长时期内存在。高校筹资工作不仅与校内师生相关联，而且与校外校友和企业家有关，受制于宏观政策环境，利益关系交互影响，符合失衡非线性的特点，可以应用帕累托法则，提高组织运转效率。依据帕累托法则，一方面，高校可根据少数关键要素指导实务，有效配置资源；另一方面，虽然团队建设初期仅得到较少回报，但如果能够坚持，再增加少量额外付出就能取得丰硕回报（朱富强，2010）。因此，在团队建设的初期，如何结合高校特色建成一个高效的专业团队，如何优化团队建制、简化内部流程，对于高校筹资成效来说至关重要。

表2 2014年中国基金会专职工作人员

人数（人）	数量（家）	占比（%）	人数（人）	数量（家）	占比（%）
0	915	24.32	8	80	2.13
1	580	15.42	9	58	1.54
2	599	15.92	10	43	1.14
3	447	11.88	11~19	124	3.30
4	300	7.97	20~49	34	0.90
5	265	7.04	50及以上	9	0.24
6	177	4.70	合计	3762	100
7	131	3.48			

资料来源：中国基金会发展报告课题组，2016：72。

（一）关键个体

高校具备人才培养优势，高校基金会筹资的团队建设较其他社会组织更加容易实现。根据帕累托法则，人力资源个体之间存在效率差异。某些资源组合能产生比其成本更高的价值，少数个体创造了非常高的回报，产生了绝大部分的捐赠收入。

通常来说，高校校长和首席筹款官的理念和行为直接影响了高校基金会筹资的成效，他们属于关键少数个体范畴。捐款人倾向于认为校长是高校负责方向指引和重点筹款的领导；首席筹款官属于高校基金会最高管理层，应参与学校所有关于规划和管理的决策，通常也负责校友事务和联络沟通项目。同一所高校里的不同单位也在相互竞争，首席筹款官及其专业团队应该增加与各方的沟通，起到更好地协调作用。因此，高校基金会筹资需要高校校长和首席筹款官的积极参与，并依据法则关注专业团队个体的差异，挖掘和培养为高校筹资的骨干。

（二）组织流程

简化组织流程也是帕累托法则倡导的效率优化手段。多数组织在削减成本、创造价值方面都具有潜力，它们可以通过简化业务、摒弃负面价值活动来实现。根据法则，需不断简化业务流程，可以通过优化影响效率的流程来使业务简单化，并关注少数改变现状的动力源泉，定期对筹资业绩进行比较（鄢奋，2009）。筹资团队产生于高校基金会职能部门，主要人员来自高校的教职工，建立初期大多照搬高校管理的业务流程，但部分流程过于复杂烦冗，过于强调规范和平衡。如不加以简化，旧的业务流程会牵制和分散专业团队的筹资精力，降低团队应对市场及反馈的速度。

高校作为人才的培育基地，依托高校的高校基金会也具备公益组织特征。组织建设面临非线性、非平衡的市场机制考验，需要根据发展阶段掌握关键因素，不断提升团队效率。库克总结了筹款机构成功的关键，认为组织应具备良好声誉、机构历史、重要使命、有效管理等条件（奥利弗，2011）。格雷格里·迪斯则认为，公益组织关键领导扮演着社会部门改革能动者的角色，应追求新机会，致力于不断创新、适应和学习的进程；不囿于现有资源而大胆行动，对服务对象和产生的结果高度负责。这些有助于筹资团队在纷杂事务中把握组织发展核心所在，明晰提升效率的关键因素。鉴于筹资工作的专业性，高校基金会在民政部门注册，主动接受政府部门和社会公众的监督。事实上高校基金会应包含其他重要且相关的人力资源配置，而现行团队的组织结构模式，没有激励团队提高效率，没有凸显帕累托法则的关键少数原则。所以应完善机构建制，基于帕累托法则，组建和完善高校基金会筹资团队的决策层、操作层和监督层。

四　组织结构三层次分析：决策层 – 操作层 – 监督层

根据帕累托法则，任何事物都不会永恒存在，也不能永远保持平衡状态，创新是保持可持续发展的重要因素，变化是生存之必需（科克，2014）。借鉴帕累托法则，高校基金会应该扩大筹资团队中关键少数因素的影响范围，提升关键个体的效力，通过机构建制，逐步形成决策层、操作层和监督层等利益相关的合力，高效应对社会发展对高校筹资工作提出的不同要求（见图 1）。

图 1　组织结构的三层次

（一）决策层：合理配置资源

决策层包括高校的管理层（包括校长和首席筹款官）、基金会理事、相关校董与校友等。决策层合理配置各类筹资资源，确保有限的资源优先满足关键少数因素。资源配置不当的原因有多种，其中包括衡量业绩的难度、主管的个人因素、落后的管理理念、职位与个人表现脱节等。此外，鉴于筹资工作的挑战性，决策层还要不断推进操作层乃至整个筹资机构的变革和创新。根据帕累托法则，变革和创新措施将会剥夺部分既得利益，产生破坏性的变化，而且要求每个人都负起应尽的责任。如果得不到决策层的支持，变革和创新将是不可持续的，或达不到应有的效果。在决策层中，首席筹款官起着至关重要的作用，他必须承担制定规划与执行方案、作为各层次的沟通桥梁、维系组织核心目标、确保组织财务收支正常这四大任务，另外，首席筹款官的个人特质及其与组织之间的自我承诺关系，也构成了影响其职能发挥的因素（官有垣，2011）。

中国高校也在初步尝试建立跨部门、跨领域的筹款团队决策层。南京大学筹资团队的决策层除了基金会理事会，还设立了发展委员会，以整合学校的管理层力量，全面组织、协调和推进学校筹资工作。南京大学基金会理事会由校主要领导参与决策，发展委员会作为南京大学专门设立的行政部门，由副校长担任负责人，负责学校筹资工作、统筹和组织捐赠项目的运作落实、校内资源的协调整合。南京大学发展委员会还需按照国家有关规定，制定学校开拓办学资源、筹措发展经费的规划和办法；广泛联系海内外各界人士和校友，积极组织开展调查研究和沟通联系工作，指导汇集捐赠信息和材料建立捐赠档案，为学校政策建议和决策服务；统一协调学校的募集捐赠工作；策划并组织实施捐赠项目，对捐赠项目进行跟踪、监督，确保捐赠协议中各方权责的落实，并及时向捐赠方反馈有关情况；指导、组织和协调院系、职能部门开展募集捐赠工作，提供相关的法规、政策等方面的咨询服务；提出对学校筹资工作有突出贡献的单位或个人的奖励方案；负责校董会的日常管理工作；依托教学科研资源，为地方经济、文化、社会发展提供服务。南京大学发展委员会制度的尝试，虽然已经逐步调动筹资的校内资源，但是校外的资源还比较松散，还需要进一步协调和联动。

（二）操作层：严谨高效执行

操作层包括校院两级筹资工作专职机构及志愿者等。操作层迫切需要注入商业化的严谨工作风格，运用帕累托法则优化机构的效率管理；既要有社会目标也要有企业家精神，操作中要运用帕累托法则把有限资源用于对教育更有裨益的领域；认真执行捐赠项目，确保捐助款项不被浪费；通过有效运营捐助人关系，积极打造高校品牌形象，满足人们喜欢向强者捐款（布雷特斯等，2013）等基于帕累托法则的心理需求。操作层还需要提升内部知识管理能力和外部知识传播能力。操作层贡献知识的能力首先取决于对知识的占有程度；资助项目的社会回报在某种程度上受到资助额的限制，但如果有良好的系统来传播的话，社会价值可以放大很多倍（比索普等，2011）。

操作层还应基于帕累托法则通过群体决策、任务分配、公平对待受助方、建设组织文化等举措，减少支出，降低成本；注重与其他资助者协作，整合资源实现共同目标，提升捐赠项目对社会的影响力。中国高校筹资团队的操作层正在搭建校院两级筹资工作专职机构，部分筹资工作领先的高校正在探索适合高校情况的管理模式。清华大学的筹资和管理职责在高校基金会秘书处。秘书处在秘书长的领导下，根据高校的发展规划，进行项目策划、设计和规划；建设部门和项目的管理制度，负责拟订并不断完善各项管理制度；对项目执行过程进行管理，完成项目计划，实现项目目标；定期向捐赠人报告项目的执行情况、使用效果和社会评价；发展对外合作，加强公关与筹资，积极参与政府购买，为社会提供公共服务，努力创造"公益品牌项目"。此外，清华大学针对捐赠数额较大、受益面较广的筹资项目设立了项目理事会，其职能是对项目管理、实施过程中的重大问题进行决策。项目理事会由捐赠方代表、受益方主要负责人、特邀专家及基金会代表组成，一般由捐款人或学校、基金会领导任理事会或管理委员会主席。项目理事会通过理事会等会议举行活动，由项目理事会主席负责召集，研究、决定当年项目实施与计划等重大问题。项目理事会可以不定期召开会议，研究、决定项目实施中需要及时解决的重要问题。清华大学筹资团队的操作层以及项目理事会等制度尝试，已经形成专职机构和志愿者团队合作等架构雏形，对其他高校的筹资团队建设也有很强的借鉴意义。

（三）监督层：多主体协同参与

监督层包括基金会监事、政府或行业组织、社会公众、捐赠人代表等，监督层涉及的人员范围广，应该基于帕累托法则进行筛选组建。经选拔的监督层可从多角度对筹资团队实施监督和参与，例如政府从法规上要求筹资行为规范、公开和公正；行业组织也可以制定行业行为规范以提升组织的公众形象；筹资团队还要随时应对社会公众和媒体的质疑，接受捐赠人有关执行效果和捐助款项的查询。监督层可以监督筹款人行为，例如避免利益冲突、禁止对潜在捐赠人过度施压等。针对美国高校近年来规模声势浩大的筹款运动，一些美国筹款领域最具影响力的组织通过制定准则统一筹款方式。1990 年，美国筹款委员会理事会制定了道德行为守则：服务核准认可的非营利机构、有固定业务费用、要有 6 年从业经验、不使用对公众有害的方法等（奥利弗，2011）。高校筹资团队主动接受监督层的监督，这是筹款团队自身规范化运作的需求，也是筹款团队重视关键因素、赢取公众认可的关键所在。

中国高校认识到监督层对筹资团队的重要意义，努力组建监督层。北京大学为了提高筹资工作的透明度，强化社会监督，专门制定了信息公开制度。北京大学主动向社会公开：基金会班子组成、机构设置、部门职责和联系方式；基金会章程、办事指南等规范性文件；基金会筹款项目设计的目的、捐赠用途和使用方式；基金会年度获得捐赠的总额、来源和捐赠名单；基金会捐赠项目的执行情况；基金会的资产现状及其变动；基金会年度审计报告和年度工作报告；基金会资助申请程序、审批程序及所需提交的材料。

高校基金会应该逐步实行信息公开制度，便于社会特别是高校师生员工知情、参与和监督，并采取灵活多样、便于操作、行之有效的途径和方式。在通过年度检查后，高校基金会应将年度工作报告在登记管理机关指定的媒体上公布，年度工作报告主要包括：财务会计报告、注册会计师审计报告，接受捐赠、提供资助等活动的情况以及人员和机构的变动情况等；基金会每年印制《基金会年报》，公开上一年度接受捐赠、提供资助的活动和效果，公开捐赠人名单、财务会计报告和注册会计师审计报告，以及人员和机构的变动情况等。

此外，北京大学通过各种会议形式、视听查询系统、校内外媒体在校内外公开信息，接受并答复捐赠人查询和问询，接受社会申请公开信息。具体来说，通过高校战略研讨会、校长办公会等各类座谈会、咨询会公开信息；设立公开栏，发放咨询材料和办事须知，公布咨询服务电话，建立高校财务信息电子查询系统；通过基金会网站、高校新闻网、校刊、校外媒体及新闻发布会等形式发布信息；捐赠人有权向基金会查询捐赠财产的使用、管理情况，并提出意见和建议；市民、法人或其他组织可以根据自身需要，申请获取基金会信息等。北京大学等高校率先公开高校筹资信息，重视筹资团队监督层的建设和维护，为获得更多的社会支持打下了良好的基础。

四　结论与进一步讨论

帕累托法则是现实关系的一种反应，这种关系是有序与无序、规则与不规则的杂糅（帕累托，2010）。它契合筹资中所遇到的资源有限而要素错综复杂的实际状况，故而可以用于指导高校在建设筹资团队过程中进行资源配置和业务优化，实现用有限资源获得较为满意的筹资成效的目标。高校基金会组织结构可以从决策层、操作层、监督层三个方面分别建设和扩展以提升筹资效率。关键少数的决策层有助于合理配置筹资资源，确保有限资源的优先利用，同时指导操作层乃至筹资团队系统的变革和创新；操作层包括高校筹资团队的专职机构及志愿者，需要运用帕累托法则优化机构的效率管理，把有限资源用于更有益的领域，同时帕累托法则减少支出，降低成本，整合资源，实现共同目标；监督层应基于帕累托法则进行筛选组建，通过基金会监事、政府或行业组织、社会公众、捐赠人代表等对筹资团队实施监督。高校筹资团队主动接受监督，也是筹款团队重视关键因素的体现。目前中国少数筹资工作领先的高校已经开始尝试从整合校内资源的发展委员会制度、重要项目的理事会制度和信息公开制度等方面建设和完善高校筹资团队相应层次。这些尝试基本符合帕累托法则的思路，但是总体来说这仅是在局部做改进，团队建设方面还有很大的发展空间。高校筹资团队建设不同于高校其他职能部门的建设，筹资工作受制于环境和市场等多种因素的影响，难以用纯粹的管理理论或模型来协调配置高校筹资的现有资源，在资源稀缺且无法统筹全局的前提下，应对组织结构问题，帕累托法则比其他纯理论模型更具操作性和指导性。高校组建有战斗力、有效率的筹资团队，是高校开展筹资工作、应对各项未知挑战的重要基础。

帕累托法则指导高校筹资团队建设也有其局限性。首先，帕累托法则只能提供初步判断和分配的依据，无法提供具体实施建议，对实施时机和程度等的把控也需要依托以往经验的积累；其次，高校基金会筹资团队建成后，帕累托法则无法帮助团队推进所需的精准化管理创新；最后，帕累托法则并不能解决高校筹资团队建设过程中可能发生的所有问题，还需要根据团队发展状态做进一步的分析和应用。这些内容都需要进一步探讨和研究。

【参考文献】

保罗·布雷特斯、何豪，2013，《善款善用：聪明慈善的战略规划》，李存娜译，中国劳动社会保障出版社。

曹辉、李茹莹，2016，《美国大学基金会的资本输入、投资行为与治理方略》，《黑龙江高教研究》第2期，第81~85页。

弗兰克·H. 奥利弗，2011，《象牙塔里的乞丐——美国高等教育筹款史》，许东黎、陈峰译，广西师范大学出版社。

官有垣，2011，《非营利组织执行长之治理——以台湾社会福利相关基金会为例》,《中国第三部门研究》第 2 期,第 2 ~ 25 页。

郭力,2014,《中国高校基金会运作取向——借鉴澳大利亚"教育投资基金"的设置与运作》,《北京理工大学学报》(社会科学版)第 2 期,第 155 ~ 160 页。

李洁,2010,《高校捐赠基金运作问题研究》,博士学位论文,华中科技大学。

李晓新、刘晔、张宏莲,2008,《规范化与专业化:大学基金会资金管理的法律问题研究》,《复旦学报》(社会科学版)第 6 期,第 117 ~ 123 页。

理查德·科克,2014,《80/20 法则》,冯斌译,中信出版社。

吕杰、宗文龙,2013,《美国大学基金会的信息披露制度及其启示——以印第安纳大学基金会为例》,《比较教育研究》第 6 期,第 93 ~ 97 页。

马修·比索普等,2011,《慈善资本主义——富人在如何拯救世界》,丁开杰、苟天来、朱晓红、王燕燕等译,社会科学文献出版社。

王俊、骆威,2017,《公共责任的多面体——大学基金会的复合性公共责任的困境及其改善》,《甘肃行政学院学报》第 4 期,第 61 ~ 73 页。

维弗雷多·帕累托,2010,《省时省力的二八法则》,许庆胜译,山西教育出版社。

鄢奋,2009,《解读"帕累托效率"的公平思想》,《重庆科技学院学报》(社会科学版)第 1 期,第 93 ~ 94 页。

殷洁,2017a,《基于协同治理的大学基金会投资风险防范研究——以 A 大学基金会为例》,《社会科学辑刊》第 2 期,第 72 ~ 78 页。

殷洁,2017b,《制度环境视角下高校基金会趋同化影响研究》,《中国非营利评论》第 2 期,第 83 ~ 97 页。

中国基金会发展报告课题组,2016,《中国基金会发展报告 (2015 ~ 2016)》,社会科学文献出版社。

朱富强,2010,《经济人假设的功利主义渊源:内在逻辑关系》,《改革与战略》第 1 期,第 35 ~ 40 页。

中国第三部门研究　第 18 卷
第 79 ~ 97 页
© SSAP, 2019

互联网参与社会治理的三重论域及转向[*]

朱志伟^{**}

摘　要： 随着网络社会的发展，互联网参与社会治理的基本价值与作用发挥已经成为一种普遍共识，如何更好地发挥互联网参与社会治理的实效性需要进一步明确。调研发现，无论是何种实践形态，网络技术、政府结构与政治制度都是互联网参与社会治理的基本论域，这是由互联网的特性与社会治理的基本内涵决定的，蕴含着技术治理的实践逻辑与主体关系。为了确保互联网参与社会治理实效价值的持续性，需要在把握网络技术、政府结构与政治制度融合性的基础上不断推进数据化分析深度，拓展互联网参与社会治理的二次空间，利用信息化形塑"后科层制"组织结构，以多重评估精准对接技术供给与需求，推动制度变迁。

关键词： 互联网　社会治理　网络技术　政府结构

---

* 基金项目：国家社会科学基金重大项目"促进中国慈善事业发展的法律制度创新研究"（17ZDA133）。

** 朱志伟，华东理工大学社会工作学博士、上海交通大学国际与公共事务学院博士后、助理研究员，主要从事社会治理与公益发展研究，E-mail：zjw0401@sjtu.edu.cn。

一 问题的提出

改革开放以来，由于市场经济的发展与体制性变革，我国的社会结构正由"总体性社会"（totalism）向"多元化社会"演变，在此过程中，以信息技术为代表的互联网正扮演着越来越重要的角色，正如卡斯特所言"戏剧性的技术变迁带来的最直接感受是结构性转化……重新塑造着我们的场景"（卡斯特，2001：2）。信息技术已经深刻地影响到了社会治理的方方面面，使得互联网参与社会治理成为一种常态。

在网络化时代，互联网以"跨界融合，链接一切"的行为特征打破了时间与空间的限制，既可以与传统社会相互融合、相互改造，也可以产生新的社会形式与发展生态，在参与社会治理中具有很强的后发优势，正对传统社区的价值定位、社区管理流程与系统、主体合作模式等方面进行重塑，促使居民需求表达、社区决策制定、服务质量监督与社区资本构建开始走向智能化（蒋俊杰，2014），正在以一种通过社会创新引领技术创新、技术创新服务于社会创新的方式实现新的协同发展（宋煜、王正伟，2015），已经形成了政府主导、企业主导与社会组织主导三种不同模式（徐家良、段思含，2019）。其中网格化治理与大数据智能化应用成为互联网参与社会治理最具代表性的形式。前者是将城市单位与事件精确化到网格中，发挥单位、市民与社区自治与协管的作用，实现"大管理小执法"和"大社会小政府"的工作格局（徐选国、吴柏钧，2018；李宇，2016）。其基本的行动逻辑在于基层维稳的需要（周连根，2013），具有很强的信息科学色彩，强调信息化手段对资源横向整合与联动的功能（Pu & Xu，2008），未来需要走向共建、共治、共担与共监的共生型网格化治理（王庆华、宋晓娟，2019）。但网格化的作用有被夸大的嫌疑，行政化规制与网格化社会治理体系规范化是网格化需要明确解决的基本问题（胡重明，2013），也存在管理层级增加、功能泛化、成本放大、问题程式化、自治空间受压缩的悖论

（蔡玉卿，2018；孙柏瑛、于扬铭，2015）。将行政功能下沉到社区，冲击着社区的共同体意涵和社区自治土壤，甚至有学者认为与其他社会治理创新相比，网格化没有明显的优势，只是社会治理方法的翻版（陈潭，2016）。后者则引发了社会治理从封闭式管理走向开放式治理、从静态化管理走向流动性治理、从精细化管理走向精准化治理、从单向度管理走向协同化治理的系列转变（陈潭，2016）。要树立服务性思维、时效性思维、共享性思维与开放性思维（高奇琦、陈建林，2016），从用户思维与社会化思维两方面打造互联网思维（李敏、王彦，2016），以数字信息的在地化、系统化与逻辑化改善基层社会治理过程中数字悬浮于基层治理的问题（王雨磊，2016）。然而，网格化与数字技术的应用并不是相互分裂的，两者相互嵌入，相互融合，从操作层面看，网格化的治理方式是建立在数字技术之上的，是在"数字城市"建设与发展背景下生成的（姜爱林、任志儒，2007）。但网格化中数字信息技术的应用与精细化治理可能导致治理形式偏离目标实质，出现资源使用没有围绕特定的治理目标的情况（刘安，2014）。实践发展中互联网技术的多元化与社会治理的区域性决定了要完善"软法之治"（马长山，2016），在加强主体协商立法与推进民间司法衔接的同时，也要把握社会治理客体的心性与行为规则而施以非强制性的治理手段（黄毅、文军，2014），明确主体职责，在智慧社会治理中促进人机合作（张陶、王锋，2019）。政府更多的是新兴技术发展中一个重要参与者与"各种组织利益互动的推动者及协调者"（Lyall & Tait，2005），因而仍然需要在促进人的全面发展与社会的和谐有序基础上扩展多元主体合作的空间。

我们在讨论互联网参与基层治理时还需要明确一个基本性问题，即互联网技术要适应基层治理还是互联网技术要引导基层治理。前者是一种以基层治理为中心的发展思路，互联网技术需要配合与适应现有的基层管理与服务体系，以实现特定的治理目的；后者则是一种技术导向的发展思路，以技术的发展情况决定基层治理的智慧化层次与服务进程，这涉及互联网参与基层治理的方向性问题，然而无论是何种方向的参与都会涉及互联网技术如何与基层治理互融的基本命题。综观现有的研究，已有文献对互联网参与基层治理的价值或意义、表现形式给予了较为充分的讨论，而对于互联网技术何以与基层治理互融的回答并不是很明确，但这一问题对于互联网参与基层治理具有重要的理论与实践价值。因为这一方面涉及互联网技术参与基层治理方向性的确定，内在机理在于参与过程要素的互构契合程度可以在很大程度上决定互联网参与基层治理的方向与定位，另一方面也会影响互联网参与基层治理的实效性，涉及技术投入能否产生预期的治理效果，这也成为本文研究的基本起点。在笔者看来，互联网与基层治理何以互融的问题需要在过程性视角下综合考量多方因素，其中网络技术、政府结构与政治制度成为确保互联网参与基层治理方向性与实效性的三重基本论域，我们需要在此基础上对互联网参与基层治理的发展转向进行再思考。

二　网络技术、政府结构与政治制度：互联网参与社会治理的三重论域

互联网参与社会治理实效价值的发挥是互联网与社会治理相互融合的过程，如何在融合过程中既考虑到网络时代的内在价值又注重社会治理的独特性？这需要技术、结构与制度共同发挥作用。

（一）网络技术：互联网参与社会治理的工具性价值

互联网参与社会治理在现阶段之所以成为重要的学术与实践议题，与网络技术所具有价值议题紧密相关。以互联网为代表的现代信息技术的发展迎合了社会治理的需要，加快了社会变迁的速度与提升了发展层次。在纵向的历史发展中，每一次技术的重大突破都会推动着社会的不断进步，如印刷术的传播使大批印刷书籍代替了手抄本，让知识和

文化打破宗教约束走向普罗大众。也正是在印刷术的帮助下，青年教士马丁·路德的才华与思想才得到了迅速传播，直指罗马天主教，引发了欧洲的宗教改革，推动了文艺复兴、宗教改革和科学革命，为人类社会从农耕社会向工业社会的演进提供了思想指导、社会基础与技术支撑。在此，技术与社会的组织关系成为我们理解互联网参与社会治理的价值基础。在此议题的讨论中，技术的社会决定论与技术的社会建构论成为重要的分析视角。其中，技术的社会决定论主要形成于19世纪末20世纪初，美国的奥格本、贝尔、温纳，法国的埃吕尔等都对此有论述，认为技术高于社会，技术变迁的速度决定社会变迁的速度，强调技术的经济效应与社会后果。其中，法国社会学家J.埃吕尔在其著作《技术社会》中提出了"技术自主性"的概念，认为技术的作用在于使混乱的社会发展变得更加有秩序性，更加合理。但是，也有部分学者与流派反对技术的社会决定论，做出了技术社会建构论的论断，认为其夸大了技术的价值，对技术的考量要从社会体制、经济发展与文化因素等方面综合把握。以休斯、伍德、麦肯齐、科林斯等为代表，主张技术的形成与发展并不是孤立的，是社会系统的一部分，是不同因素相互作用的结果。特别是伍德在继承马克思思想的基础上从阶级和历史的维度、资本主义维度、社会主义维度对技术决定论提出了批判，认为"技术的变化和劳动生产率的提高不是社会适应它们的物质需要，甚至也不是适应统治阶级剥削需要的唯一途径"（伍德，2007：128）；芬伯格也明确提出，"技术发展是由进步的技术标准和社会标准完全决定的，所以技术发展是沿着许多不同的方向进行的"（芬伯格，2005：180），并强调了社会制度对于技术发展的影响。

对此，尽管技术的社会决定论与技术的社会建构论存在张力，但是两者并不是完全对立的，仍然具有相互建构的面向（冉奥博、王蒲生，2016），存在着逻辑连接的耦合性，特别是技术本身具有自然属性与社会属性的二重性。可以说，技术的社会决定论更多地看到了技术的自然属性，人类可以应用技术改造社会生活，这是技术本身价值性的发挥。

如果不能指导社会生活，那么技术就没有价值，也不可能被称为技术。技术的社会建构论更侧重于技术的社会属性，技术的形成、发展与价值发挥都有历史性、文化性、场景性，受各种社会因素与社会安排的影响，且技术应用不可能是单一僵化的模式，外来的技术要在本地发挥作用，就需要与本地文化、社会制度、政治体系相适应。目前，社会技术化与技术社会化趋势都在加强，其根本原因在于技术与社会是不可分隔、相互融合的过程，两者互为因果、彼此互补。在互联网参与社会治理的过程中，我们必须明确，一方面，社会为网络技术的进一步发展提供了条件，另一方面，网络技术也为社会治理提供了创新手段，两者相辅相成。网络技术在社会治理中的应用打破了治理过程中时间与空间的二维限制，丰富了治理的方式，也提升了政府部门发现社会问题、回应社会需求的可及性与灵活性，并且因网络技术具有很强的穿透性，它也可以破除政府部门利益分隔带来的限制，改变条块部门力量的权重，重塑部门利益偏好，使社会治理过程中的督查与问责机制更加理性与有效。

（二）政府结构：互联网参与社会治理的约束性考量

现阶段，借助官僚体制的行政管理组织进行统治的科层制已经遍及现代社会的所有领域，成为现代社会理性化的重要标志。韦伯甚至认为科层制已经成为现代人类社会的生存方式，在他看来，"在一个官员、职员和工人与行政管理物资分开以及纪律和训练有素都不可或缺的社会里没有官僚体制的机构，除了那些自己还占有供应物资的人（农民）外，对所有人来说现代的生存可能性都将不复存在"（韦伯，1997：246）。我国的行政方式也是基于工具理性的科层制。互联网技术与社会治理原本分属于两个不同的场域，在我国现有体制环境下，社会治理具有很强的政治倾向，政府以此成为社会治理的主导者，要使互联网参与社会治理具有合法性，就需要充分考虑到现有的政府结构，在发挥互联网技术与社会治理耦合性功能的同时也要平衡政府内部的各方利益。在科层制下，我国现有的地方治理结构需要考虑到"条""块"以及党群部门结构。其中，"条"结构是指从中央层面到地方层面的各级政府中业务或者工作性质相同的那些职能部门，涉及民政、财政等部门，"条"结构强调的是具体业务层次的标准化，下级部门往往有相对应的上级部门。"块"结构则是由不同职能部门出于政府管理与服务的角度而组成的各个层面的平行地方政府，包括省、市、县、镇或乡，强调的是部门间的权责明确，分立而设，城市的街道办事处职能部门是最常见的"块"机构，如社区管理办、社区服务办等。在执行力上，"块"往往比"条"更具有执行力，且更接近基层，更了解社区发展、民众需求、基层组织网络。我国属于科层制的行政治理方式，但又不同于韦伯传统意义上的科层形式，最具有代表性的是党群部门的设置。党群部门不同于"条"与"块"，它嵌入现有的科层体系中，强调的是党对于基层价值观的引领，拥有比"条"与"块"更大的影响力与合法性。

网络社会治理的主要挑战是如何平衡传统的自上而下的科层制政府组织模式与扁平化结构的网络参与模式之间的张力（梁俊山，2017）。要充分发挥互联网参与社会治理的内在优势，就不仅要考虑到上下"条"与"条"之间的组织关系与利益点，在不同垂直部门间获取价值共识以减少社会治理与技术耦合的阻力，也要将"块"层面的业务范围与治理主题相整合，协调同一层级不同部门间的内在张力与业务分割，联通"块"与"块"之间的组织关系，还需要在党群部门协调尤其是在党组织的领导下进行。如果说科层制下的"条""块"分割具有一定的客观性，那么党群部门的设置则为两者的张力弥合提供了组织动力。目前，尽管我国的治理方式正从单一性的政府管理向多元化的社会治理转变，但政府仍然是社会治理的主导力量，决定着社会治理的空间场域与未来发展。互联网技术要真正地参与社会治理过程，就要在处理好技术应用与"条""块"利益关系的同时，也要符合党群部门的期许，发挥其协调"条""块"关系、动员政府资源、影响政府决策的作用。可以说，政府组织既是社会如何治理的规则制定者与推动者，也是互联网参与社会治理的"裁判员"，决定着互联网参与社会治理的空间大小与场域范围，需要将其纳入互联网参与社会治理何以可能的第一利益主体序列。

（三）政治制度：互联网参与社会治理的保障性因素

对于制度，尽管制度主义对制度的内涵与作用机理已经做出了大量说明与论证，但学者们都认同制度具有多样性，它既可以是规范、指令、民俗，也可以是成文的法律、文本，具有"重复互动、发生的规律性"（North，1992）。此处所论及的制度更多的是指那些规范化的政治文本、法律条款以及一些具有约束性的政治规则。无论是从历史变迁的纵向进程来看，还是从现有的主体性实践来分析，某一项制度的产生都是多方主体互动、协调彼此之间利益张力的结果，代表着一种价值共识，并在很大程度上演化为一种普世话语。而在制度的运作逻辑中，为了使话语成为可能，基本的范畴必须得到群体认可，而除了制度，没有任何事情能确定同一性，相似性是一种制度（道格拉斯，2013：69）。可以说，制度在保障参与者有参与各项事务的合法性身份的同时，也可以规范不同参与者的主体性互动行为，确保主体行为沿着制度期待的方向发展，显示出制度对参与者约束的趋同性价值。

互联网参与社会治理在很大程度上是技术供给与社会治理需求的一种对接。互联网技术若要成功地在社会治理中应用，就需要社会治理的主体与互联网技术的执行主体之间建立一种协作关系，两类不同主体要具备相互协作的意愿，有共同的目标与流畅的信息交流。在此种情况下，制度保障就成为双方合作的基础性条件，直接关系到互联网技术参与社会治理的合法性，其本身的价值决定着两者合作的程度与广度。且互联网参与社会治理也存在着潜在风险，特别是其主要参与主体本身就有利益相悖的一面，互联网技术的执行方是建立在市场导向基础上的，追逐利益是其本质属性，而社会治理的主要执行方是政府，社会公平、有序是其主要的价值追求。正如韦斯特在谈到技术创新的风险时提及的，"对于公共政策的制定者而言，最为关键的是找到在推动创新、保护隐私、保障安全等各种冲突目标之间实现平衡的有效办法，这些不同的目标之间存在固有的矛盾"（韦斯特，2012：5）。政策与制度的内在价值则要弥合双方的张力，需要创新方式以突破和改造以往僵硬制度的约束（朱志伟：2018），探寻合作的空间与利益契合点。在创新社会治理、加强基层建设的网络化时代，互联网与社会治理的互嵌与耦合程度已经得到了加深，制度规范承载的价值仍然需要政府部门在认可技术可塑性与治理难度不断增加的基础上为互联网参与社会治理提供制度支持，整合不同主体间利益以保障实效性的持续生成。

同时，在互联网参与社会治理的过程中网络技术、政府结构与政治制度三者间的关系也是相辅相成的。网络技术既是互联网参与社会治理的工具，也体现着技术治理赋予基层治理智能化、数据化的内在特征，最终走向社会与技术的共同构建与整合发展（陈荣卓、刘亚楠，2019）。政府结构则是互联网参与社会治理需要综合考量的约束性条件，无论是网络技术应用还是社会治理的推动与落实，都需要党组织领导下"条""块"部门的配合。特别是在现有的科层制结构下，网络技术要成为促进社会治理创新与发展的动力源，就必须得到政府的支持。但从科层制的治理形式来看，网络技术作为一项专业知识，也恰好满足了政府创新社会治理的需求，正如韦伯所言，"官僚体制的行政管理意味着根据知识进行统治，这是它所固有的特别合理的基本性质"（韦伯，1997：250）。而政治制度与互联网参与社会治理则是保障与被保障的关系，开放、良好的政治制度可以为互联网参与社会治理创造更广阔的空间，一方面，政治制度为互联网参与社会治理提供稳定的、持续的基础条件，决定着网络技术与社会治理何以可能、何以可为的广度与深度；另一方面，它也是法治社会的具体形式，与现有的治理结构功能息息相关（见图1）。

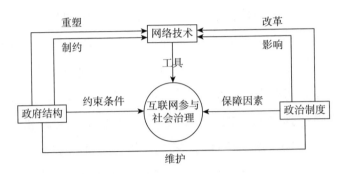

图1 互联网参与社会治理的三维框架

三 互联网参与社会治理的行动转向

网络技术、政府结构与政治制度为互联网参与社会治理提供了很好的分析视角，在新的理论价值下需要在现有实践发展的困境基础上对互联网参与社会治理的行动转向做出进一步明确与探讨，以期为互联网参与社会治理的实践提供方向。

（一）不断挖掘数据化分析深度，拓展技术治理的二次空间

技术治理的时代特征在于治理方式的智能化与信息化，而大数据则成为两者的基础性价值。可以说，大数据既是技术治理的内在支撑，又是一个基于信息网络空间识别（cyber-detection）、服务群体定位（group-targeting）和多元信息节点（variable nodality）的全新世界，赋予技术革命与社会变迁新路径（Hood & Margetts，2007：196），还是互联网参与社会治理的具体表现形式，正在改变着公共服务供给的方式与社会公众的生活方式，可以反映治理需求情况、政治协调与组织动员的方向，它的承载价值已经演化为一种共识。

然而，从实践来看，互联网参与社会治理的数据化价值仍然没有充分发挥出来。"依据数据说话、依据数据决策、依据数据管理、依据数据创新"的程度仍然处于较低水平，在社会需求不断变化与社会治理

难度不断增大的情况下，作为技术应用主体的政府部门需要建立数据化分析服务体系，不断推进数据化分析的深度与广度，在发现新需求、新规律的基础上可以把握治理新趋向。政府部门需要制定出互联网参与社会治理的大数据管理标准，提升数据的开放程度与共享水平，在明确技术治理的方式、服务领域、技术结构的同时也要对数据开发、分析、应用与反馈机制进行完善。与以往因部门利益分隔引发"信息孤岛"不同的是，大数据在消解数据壁垒方面具有积极价值，政府部门也需要为各部门信息汇总与衔接提供数据化信息服务平台，促进信息流、组织形式与组织结构模式相互作用，产生自我适应（Levy，1997：56），创造信息汇总与分析的实践场域。在打通信息服务与数据汇总渠道的基础上，明确数据分析的内容，分列出数据分析的基本维度。特别是，要注重大数据的流动性，在复杂多样的数据中收集实时信息，把握公众与社会发展需求，测算社会风险指数。对涉及一些专业性较强的数据，政府部门可以通过委托代理的方式开展政校合作与政社合作。这一方面可以减轻政府部门工作负担，提升政府服务效率，塑造服务型政府，另一方面可以建立多元化的组织伙伴关系，创新互联网参与社会治理的行动系统，并适时将数据分析结果转为社会治理成果，如发布社会治理敏感指数、信息化治理服务指标等。简言之，推进互联网参与社会治理的数据化分析，是在巩固技术治理实效价值的基础上再次塑造技术执行与治理需求耦合性的主体行为，可以扩展互联网参与社会治理的二次空间。

（二）利用网络化技术重塑政府，形成"后科层制"组织结构

目前来看，尽管我国的政府结构是由"条""块""党群部门"构成，但是从根本上讲仍然继承了韦伯的工具理性，是在科层制的组织方式上形成的。在韦伯看来，社会中的信息流对于科层制的形成具有重要意义。他在其著作《经济与社会》中提到，具有合法性的官僚体制的形成除了人财物的前提之外，官僚体制的行政管理还存在着不可缺少的流通技术条件，"行政管理的精确细致需要有铁路、电报、电话，而且愈来愈和它们结合在一起。社会主义的制度对此也不可能有丝毫的改变"（韦伯，1997：249）。他认为这些流通技术直接关系到这些技术能否像资本主义制度那样，以更加确定的形式规则为合理的行政管理创造条件，缺少它就会存在形式合理性与实质合理性的二律背反。由此可以看出，信息流的形态与整合程度直接关系到科层制的持续性存在。

在现阶段，互联网的持续应用与推广不断地推动社会发展进入网络化时代。在新时代下，互联网赋予社会最大的发展红利即主体间互动的技术信息流的增加，信息技术可以改变组织形式与组织边界的基本性质，也使政治组织的刚性结构更加柔弱一点，科层制也由此进入了"后科层制"时期。在该时期，最明显的组织特征在于信息丰富性增加，组织、个体之间交流的信息成本持续下降，不同组织结构与结构之间的信息流形态在不断地发生着转变，结构之间的信息交流愈加频繁，跨结构组织倾向于扁平化。正如宾伯所认为的那样，科层制内部的决策制定和组织形式等，由于高昂的信息成本，不得不使其交流、合作与竞争分隔开，但随着政治组织内部信息流的增加，越来越多的人士在官方的功能和作用也越来越独立，韦伯式的科层制基础之一被弱化了（宾伯，2011：96）。20世纪90年代以来，随着电子政务的推广，政府部门在利用信息技术改变传统服务、提升服务效率、降低组织成本方面具有积极作用，但仍然广泛存在部门合作协同性低、政务事项与信息技术整合性有限、"信息孤岛"等问题，仍然需要发挥"后科层制"的政治组织结构对于推进互联网参与社会治理的积极价值。需要发挥信息技术"跨界融合，连通一切"的优势，整合"条""块"的合作关系，及时发挥党组织的领导性作用，围绕着挖掘与扩大互联网参与社会治理的深度与广度加强部门间协同式合作，改革组织主体生态、技术生态以及信息生态（朱志伟、刘振，2018），在增加政府内部的组织交流、优化政府组织结构、避免因信息交流成本较高而降低政府部门引入技术参与社会治理执行力的同时，也可以增强政府在使用技术解决社会问题效能方面的感知力，增强政府与技术主体的合作意愿。

（三）以多重评估把控治理实效，精准对接技术供给与需求

当前，我国正处于社会治理变革的关键时期，一方面，随着经济发展水平的不断提升，我国普通民众的需求已经从日益增长的物质文化需要转向日益增长的美好生活需要；另一方面，生产力的发展层次也在不断更迭，虽然存在不平衡不充分的发展，但"落后的生产力"状况得到了改善。特别是，信息技术在近 20 年时间内获得了较大发展，已经深深嵌入社会各类场域，社会主要矛盾由此发生了转变，本质上是因需求与供给失衡而引发的适应性变迁。现阶段"人民日益增长的美好生活需要"更加强调未来的期待，是对需求层面的回应，而社会治理的基本议题则是对民众与社会发展需求的满足。"不平衡不充分的发展"侧重于生产力的整体发展水平已经得到提升，但存在着快慢、高低、优劣的失衡现象，属于供给层面。互联网信息技术是生产力推进的结果，是生产力的具体表现形态，仍然需要与民众及社会发展需求相适应，达到均衡状态，助力社会的持续发展。互联网参与社会治理既是网络化时代发展到一定阶段的产物，也是社会治理需求与供给相互适应的结果，如何更好地实现社会治理需求与技术供给的匹配，精准对接技术治理就成为一个需要迫切考虑的重要议题。

在本文看来，治理实效的把控首先要从互联网参与社会治理的结构性约束进行考量，需要发挥党政部门跨领域、跨体系的结构优势，整合"条""块"之间的分立，让党政部门成为技术主体与治理需求主体的链接平台。从一定程度上讲，目前以网格化与大数据的智能化运用为代表的技术治理虽然是以整合资源、精准把握社会问题为出发点，以克服社会治理中的"碎片化"现象并以此提供操作化服务工具为目标，但是在一定程度上也出现了"新碎片化"的发展情况，如何协调网格与不同部门间的组织权力关系、如何平衡部门与网格对属地的下行权

力等都影响了技术配置与需求回应的精准对接，容易折损技术治理的实效，需要有关部门进行跨体系授权、统辖与协调，不仅要推进技术主体与政府部门的对接，而且要不断优化技术治理的内部结构，破除"新碎片化"困境。互联网参与社会治理的实效基础是社会公众需求的满足或社会问题的解决，在优化自上而下的领导机制的同时，也要建立完善自下而上的反馈机制，要将社会公众作为技术治理行动系统的重要组成部分，从参与的角度扩大其在技术治理中的地位与话语权，将公众态度纳入基层技术治理实效的考核范围，摆脱社会公众"被参与"的局面，提升公众对于技术治理实效的获得感，建立各类组织协商制度与服务平台，集中协商那些涉及面广、问题复杂的事项，以提升需求回应的精准度与综合实效。

（四） 强化利益主体的共识价值，推动制度的变迁与完善

在网络化时代，信息技术既是一种组织力量，也已成为一种生活方式，融入社会的各个领域。互联网若要成功嵌入社会治理过程，就离不开制度的保障，制度赋予了互联网参与社会治理的空间大小与基本方向。正如前文所言，互联网与社会治理的执行主体原来分属两个不同的场域，本身存在着价值冲突，为了推进两者从分立走向契合，需要不断塑造新的共识价值，而制度的生成就是协调不同行动主体利益的最好方式。在诺斯看来，推动制度变迁的主体主要有两类，一类为政治家或经济企业家，另一类是组织机构（North，1990），前者对组织外部环境变化具有敏锐的观察力，也拥有领导大众的组织权威，在制度不均衡时有能力改变原有的落后规则，让其更好地满足组织利益并适应发展。后者可分为政治性组织、经济性组织、社会性组织与教育性组织，特别是政治性组织和经济性组织是推动制度变迁的主要行动者，政治性组织作为一个参与国家组织体系建设的政治团体，当掌握国家政权时就上升为推动制度变迁的第一行动主体，因其具有强制性属性而对社会整体的影响又可以提高到新的层次；经济性组织对于制度控制更强调专

业性，因生产周期较短与组织活动频繁而对制度协调性要求较高。

在互联网参与社会治理的制度变迁中，作为技术生产的企业团体与有治理需求的政府机构成为推动制度变迁的主要行动主体。企业团体要在遵循市场经济规律的基础上从产业结构优化与互联网技术生产投入的层面建立起技术发展的价值体系，推陈出新，不断增强网络技术的专业性与科学性，树立网络技术发展的行业性标准，反哺技术经济的发展，其引发的制度变迁机理与制度变迁和制度绩效需求存在很大关联，技术创新带来的收入流的增加是对制度需求的回应，会带来新的制度安排。但企业团体在技术创新过程中在满足自身利益的同时也要考虑到社会发展，实现技术安排的基层化，扩大技术应用的空间场域范围，并通过各种参政议政契机表达通过技术手段参与社会治理、解决社会问题的诉求。政府作为推动政策生成与变迁的第一行动主体，关系到互联网参与社会治理何以可能与何以可为的行践。从现实来看，各种治理问题的显现均与不同社会主体的需求满足程度有关，治理的对象应该有多样化的需求。互联网参与社会治理也就是互联网应用为需求的满足提供了便利。政府政策制定需要通过多种服务性方式将微观层面的个体、中观层面的组织与宏观层面的社会发展需求整合起来，要与技术主体对接，在应用已有技术的同时为技术创新提供条件，鼓励技术嵌入基层需求治理。但是制度不可能顺利地产生在一个利益交集、强制力量与区域习俗界限不明确的混合场景中（道格拉斯，2013：142），因此，政府在制定互联网参与社会治理政策时仍然需要在平衡多方利益的基础上把握互联网技术与治理需求的场域区分与地区差异，达到政策集权与自主的共生。

四　走向共融发展：互联网参与社会治理的时代价值

目前，随着网络信息时代的持续发展与基层治理难度的不断增加，互联网参与社会治理的程度将不断加深，但网络技术、政府结构与政治制度仍然是我们理解互联网参与社会治理的三重场域，此三者间的融合与发展直接关系到技术治理的实效价值何以可能的问题。基于此，本文将网络技术、政府结构与政治制度的分析提升到了新的高度，认为网络技术是互联网参与社会治理的工具性价值，政府结构是互联网参与社会治理的约束性因素，而政治制度则是互联网参与社会治理的保障性基础。同时，三者之间也是相互影响的，其中网络技术既可以对现有的组织结构进行重塑，也可以推进制度变迁；政府结构不仅可以影响到互联网参与社会治理的空间大小，也是制度生产的重要推动者；政治制度一方面影响技术参与社会治理的广度与深度，另一方面是维护现有组织结构的重要方式，共同推进社会治理走向共融发展。

网络信息时代的到来在加快社会变迁的速度与加剧利益格局复杂性的同时，也为我们消除隔阂和误解、寻找发展同一性与共识提供了新的机遇。互联网参与社会治理不仅仅是网络技术与政治制度、政府结构相互融合的过程，更是治理理念、方法及主体间的相互嵌入，不同主体、事物之间的相互关联、依赖，是治理过程与结果的相互融合，这是一种共融式发展的重要路径。在本文看来，打造共建共治共享的社会治理格局更多的是强调共同参与，是由"散"向"聚"的过程，而维护这种治理格局，更重要的是要强调相互融合，彼此嵌入，需要塑造一种一方违约或退出的成本远大于共同合作的收益的格局。从网络技术、政府结构与政治制度的层面推动互联网参与社会治理可以维护现有的治理格局。

值得注意的是，共融式发展的实效价值发挥需要政府、市场与社会的共同参与。但现阶段互联网参与社会治理在很大程度上仍然是建立在工具理性之上、作为政府的服务需求方与市场的技术供给方来参与，社会力量参与空间有限。在这种情况下，如何更好地促进政府、市场与社会间的共同参与，在政府、市场与社会力量中寻求利益、发展的均衡点仍然是一个需要重点讨论的议题。

【参考文献】

艾伦·梅克森斯·伍德，2007，《民主反对资本主义——重建历史唯物主义》，
    吕薇洲等译，重庆出版社。

安德鲁·芬伯格，2005，《技术批判理论》，韩连庆等译，北京大学出版社。

布鲁斯·宾伯，2011，《信息与美国民主：技术在政治权力演化中的作用》，刘
    钢译，科学出版社。

蔡玉卿，2018，《网络化管理视角下社会监督的逻辑困境与超越》，《行政论坛》
    第 4 期，第 43~48 页。

陈荣卓、刘亚楠，2019，《城市社区治理信息化的技术偏好与适应性变革——基
    于"第三批全国社区治理与服务创新实验区"的多案例分析》，《社会主义
    研究》第 4 期，第 112~120 页。

陈潭，2016，《大数据驱动社会治理的创新转向》，《行政论坛》第 6 期，第 1~
    5 页。

达雷尔·M. 韦斯特，2012，《下一次浪潮：信息通信技术驱动的社会与政治创
    新》，廖毅敏译，上海远东出版社。

高奇琦、陈建林，2016，《大数据公共治理：思维、构成与操作化》，《人文杂
    志》第 1 期，第 103~111 页。

何瑞文，2016，《网格化管理的实践困扰》，《苏州大学学报》（哲学社会科学
    版）第 1 期，第 16~22 页。

胡重明，2013，《再组织化与中国社会管理创新——以浙江舟山"网格化管理、
    组团式服务"为例》，《公共管理学报》第 1 期，第 63~70 页。

黄毅、文军，2014，《从"总体－支配型"到"技术－治理型"：地方政府社会
    治理创新的逻辑》，《新疆师范大学学报》（哲学社会科学版）第 2 期，第
    35~44 页。

姜爱林、任志儒，2007，《网格化城市管理模式研究》，《现代城市研究》第 2
    期，第 4~14 页。

蒋俊杰，2014，《从传统到智慧：我国城市社区公共服务模式的困境与重构》，

《浙江学刊》第 4 期，第 117 ~ 123 页。

李敏、王彦，2016，《互联网思维为社会治理增添新力量》，《人民论坛》第 32
期，第 62 ~ 63 页。

李宇，2016，《互联网 + 社会治理应用探索》，《行政管理改革》第 7 期，第 63 ~
67 页。

梁俊山，2017，《我国互联网政治生态定位：从内构到共生》，《求实》第 4 期，
第 68 ~ 77 页。

刘安，2014，《网格化社会管理及其非预期后果》，《江苏社会科学》第 3 期，
第 106 ~ 115 页。

马长山，2016，《互联网 + 时代"软法之治"的问题与对策》，《现代法学》第
5 期，第 49 ~ 56 页。

马克斯·韦伯，1997，《经济与社会》（上卷），林荣远译，商务印书馆。

玛丽·道格拉斯，2013，《制度如何思考》，张晨曲译，经济管理出版社。

曼纽尔·卡斯特，2001，《网络社会的崛起》，夏铸九等译，社会科学文献出
版社。

冉奥博、王蒲生，2016，《技术与社会的相互建构——来自古希腊陶器的例证》，
《北京大学学报》（哲学社会科学版）第 5 期，第 150 ~ 158 页。

宋煜、王正伟，2015，《"互联网 + "与基层治理秩序再造》，《社会治理》第 3
期，第 134 ~ 141 页。

孙柏瑛、于扬铭，2015，《网格化管理模式再审视》，《南京社会科学》第 4 期，
第 65 ~ 71 页。

王庆华、宋晓娟，2019，《共生型网络化治理：社区治理的新框架与推进策略》，
《社会科学战线》第 9 期，第 218 ~ 224 页。

王雨磊，2016，《数字下乡：农村精准扶贫中的技术治理》，《社会学研究》第 6
期，第 119 ~ 142 页。

徐家良、段思含，2019，《技术治理视角下"互联网 + "社区治理创新模式研
究——基于上海市多案例的考察》，《中国第三部门研究》第 1 期，第 3 ~
21 页。

徐选国、吴柏钧，2018，《城市基层治理的社会化机制——以深圳市 Z 街"网格

化"管理社会服务项目为例》第 2 期，第 122～131 页。

张陶、王锋，2019，《大数据时代智慧社会治理中的人机合作》，《学海》第 3 期，第 49～54 页。

周芳检、何振，2018，《大数据时代城市公共危机治理的新态势》，《吉首大学学报》（社会科学版）第 4 期，第 63～69 页。

周连根，2013，《网格化管理：我国基层维稳的新探索》，《中州学刊》第 6 期，第 83～85 页。

朱志伟，2018，《联合与重构：社区基金会发展路径的个案研究——一个资源依赖的分析视角》，《浙江工商大学学报》第 1 期，第 119～128 页。

朱志伟、刘振，2018，《重塑与创新："互联网＋"视角下的社会组织监管机制研究》，《电子政务》第 2 期，第 37～44 页。

Hood, C. C., Margetts, H. Z. 2007. *The Tools of Government in the Digital Age*. London: Palgrave Macmillan.

Levy, P., 1997. *Collective intelligence. Mankind's Emerging World in Cyberspace*. Cambridge: Mass Perseus.

Lyall, C., Tait, J. 2005. *New Modes of Governance: Developing An Integrated Policy Approach to Science, Technology, Risk and the Environment*. Burlingtong: Ashagate Publishing Company.

North, D. C. 1990. *Institutions change and Economic Performance*. Cambridge: Cambridge University Press, 72 – 76.

North, D. C. 1992. "Institutional and Economic Theory." *The American Economist*, (1), 3 – 6.

Pu, Z. L., Xu, L. 2008. "Research to the Community Resource Integration Under Grid City Management." *Asian Social Science*, 4 (7), 64 – 68.

中国第三部门研究　　第 18 卷

第 98～118 页

© SSAP，2019

第三方评估组织发展的结构性
困境及其生成机制

——基于对 S 市的经验观察[*]

高　丽　徐选国[**]

　　摘　要：作为协同治理和社会监督的重要平台，第三方评估组织既是落实政府购买服务制度、疏通政社合作桥梁的有效抓手，也是衡量公共服务实践绩效和提升社会组织公信力的重要手段。基于在 S 市政府购买服务项目评估领域的五年实践，笔者发现第三方评估组织在理念、目标、使命以及行动逻辑等方面与第三域治理不谋而合。然而，第三方评估组织在具体实践中却呈现多重偏离：纵向政策驱动逻辑下内卷多于增能、背书胜于承认、技术高于专业，横向组织自发逻辑下呈现

---

　　[*]　基金项目：国家社科基金重大项目"中国特色社会体制改革与社会治理创新研究"（项目编号：16ZDA078）的阶段性成果。

　　[**]　高丽，华东理工大学社会与公共管理学院博士生，主要从事社会组织与基层社会治理方面的研究，E-mail：gaoli_0105@163.com；徐选国，通信作者，华东理工大学社会工作系副教授，硕士生导师，兼任上海现代公益组织研究与评估中心主任，华东理工大学社会学（社会工作）博士，主要从事社会工作理论、社区社会学和基层社会治理方面的研究，E-mail：xxg870530@163.com。

生存、工具以及专业异化等导向，使得第三方评估组织进一步沦为政府的"治理工具"而难以体现独立、公正、客观的第三方属性，这与第三方评估组织本身所面临的结构性限制、合法性限度、专业性式微、社会承认度低等因素密切相关。为此，重新明晰评估组织定位、保障合法性基础、提升专业化水准、增强社会认同与参与应成为第三方评估组织有效发展的破解之道。

关键词： 第三方评估组织　第三域治理　双重发展逻辑　结构性困境

一　问题提出

2012 年，民政部、财政部联合出台的《关于政府购买社会工作服务的指导意见》明确指出，要建立由购买方、服务对象及第三方组成的综合性评审机制，并对评估内容、形式、结果应用等提出了规范要求，还要培育发展一批社会工作专业能力建设与评估咨询机构，为更好地开展政府购买社会工作服务提供专业支持与指导。2015 年，民政部印发《关于探索建立社会组织第三方评估机制的指导意见》，进一步从组织培育与规范、资金保障机制、信息公开与结果运用等层面对第三方评估机构及其实践做出了细致要求。这既阐明了第三方评估在加快政府职能转变、激发社会组织活力方面的重要意义，也彰显了党和政府对建立健全第三方评估机制的强烈诉求，以助力社会治理创新发展。与此同时，北京、上海、广州、深圳等地区纷纷展开了对政府购买社会服务项目与社会组织的评估工作，使第三方评估逐步成为购买服务中不可或缺的重要环节。这些举措表明，社会组织问责评估对于促进公共服务资源有效配置、提升社会组织社会公信力的意义显著（李勇，2010：45~86）。质言之，评估是一种改变社会、促进社会创新的重要机制（王名，2019）。

从国际视野来看，自20世纪60年代政府购买服务实践在西方兴起以来，独立的"第三方评估"随之获得关注。随着其理论基础的成熟与实践诉求的增加，第三方评估演化为政府购买服务体系中的一个"广为接受的事实"。回望当前国内各地区第三方评估及其实践可以发现，强制性政策的持续推动、项目评估需求的市场缺口以及组织转型发展的生存所需有力地推动了第三方评估机制的建立健全与对外推广，评估组织的数量也呈现快速增长之势，进而使第三方评估在政府购买社会服务体系内初步占据了一席之地，并在规范服务运作、提升组织能力、优化购买机制等方面发挥着积极效用。然而，深入其实践机理却发现，第三方评估组织表面宣称其坚持独立性、客观性、专业性、公正性等原则，但在具体实践中却囿于制度法规的缺位、法律合法性的缺失、专业权威的限度等（邓国胜，2007：88；石国亮，2012；徐永祥、潘旦，2014）而被诟病为"伪独立、伪客观、伪专业"，并持续面临结构性、合法性、有效性及道义性等多重风险（徐选国、黄颖，2017）。

同时，在"工具主义"盛行之下，所谓独立的第三方评估日趋沦为一种"检查工具""拨款证明"，评估竞标"唯低价"而非"唯专业"，再加上纷繁复杂的各类组织（实务机构、研究所、行业协会、会计师事务所、咨询公司等）纷纷"加盟"第三方评估，致使整个评估场域日渐成为一个趋利凸显的竞争性市场，评估的科学性、客观性日渐弱化，专业性更是参差不齐，严重影响了第三方评估组织应然功能的充分发挥。由此，不得不反思的是，为何在政府日渐承认、需求空间不断扩展、组织数量持续增长之时，第三方评估的专业性及其社会效能却微乎其微，甚至出现功能偏离？作为社会治理重要主体的第三方评估组织，如何真正实现"名实相符"？

综观既有研究文献，多数研究聚焦于国外评估模式比较（徐双敏，2012）、政府绩效管理中第三方评估解析（段红梅，2009；徐双敏，2011）以及针对第三方评估发展困境与风险的对策建议（徐家良、赵挺，2013；潘旦、向德彩，2013；赵环、严骏夫、徐选国，2014），更多是对第三方评估机制建设的制度性描述与功能发挥的实践策略探讨，而对第三方评估组织发展机制的研究却相当匮乏。作为第三方评估实践的重要主体，如何有效培育出一批规范化、专业化、本土化的评估机构，对于评估行业的良性发展、政府绩效的科学测量、政社有序分工与团结均至关重要。

　　为此，本研究的核心任务在于：揭示不同逻辑下第三方评估组织发展的多重特征及其乱象，剖析其功能偏离的生成机理，重塑第三方评估在第三域治理实践中的角色担当，以发挥评估组织的应然效能。具体来讲，首先，本文从第三域治理的视角出发，解析并重构国家与社会关系中第三方评估组织的功能定位与实践空间；其次，结合笔者在评估领域的多年实践，从纵向政策驱动和横向组织自发双重逻辑入手，深入探究第三方评估组织发展分别呈现何种特征，进而与第三域治理进行反思性对话，以阐释上述特征的内在生成机制，为推动评估组织有效参与第三域治理进一步拓展学理意涵和实践空间。

二　理论基础：第三域治理的再阐释

　　随着"市场失灵""政府失灵"所引发的社会问题不断丛生，"第三域"作为一种弥补市场和政府缺陷的新主体逐渐参与到既有的治理体系之中，因其所具备的正规性、私立性、非利润分配性、自我治理性、志愿性和公共利益性等多重特征（萨拉蒙，1998b：35～37），而逐步成为维护社会稳定、保障市民权利、助力国家治理的重要力量（罗敏闻、刘玉照，2015）。在以政府为主导的中国语境下，面对改革开放以来社会转型、体制转轨所引发的一系列社会冲突与潜在风险，重新认识、解读第三域及其治理的意涵，既为第三方评估组织参与转型期社会治理实践提供了恰适性的理论基础，也为第三方评估推动政社关系转型、促进政社分工与合作治理机制提供了可能性。

（一）从独立到交叠：第三域治理的中国阐释

所谓"第三域"，是区别于政治领域和经济领域而存在的一个独立的社会领域或非营利领域、公共领域（谢岳，2000）。在萨拉蒙（1998a）看来，"第三域"的兴起与发展得益于特有的时代背景与社会现实：一是多重危机的出现使公众意识到政府推动社会发展的限度，而以公共利益为核心的第三域机构则优势凸显；二是 20 世纪七八十年代的通信革命促使第三域内大规模的组织协调行动成为可能；三是全球经济发展迅速，新出现的中产阶级成为第三域组织实践的重要领导力量。由此，以非营利组织、社团、基金会为代表的第三域成为政治和经济领域的补缺者，其以独特的身份监督着政府行动，实现以社会制约权力（托克维尔，2013：105），进而保障全社会的公共利益。此外，"第三域"作为政府合法性的资源供给者，能够增强民众对政府治理的认同与支持，维护社会的健康有序发展。

然而，萨拉蒙对"第三域"的解释乃是基于西方成熟的社会生产机制，进而能够建立起独立于国家和市场之外的"第三域"，并推动着其治理效能的发挥。而处于社会转型期的中国，社会发育缓慢，"强政府、弱社会"特征明显，短时间内难以形成独立的"第三域"。为此，立足中国现实语境，黄宗智（2003：260~285）基于对清代诉讼案件资料的研究，认为在国家和社会中间存在着一个第三领域（the third realm between state and society），即通过政府和民间的协商谈判等实现对基层社会的有效治理，且因治理场域的差异，第三领域徘徊于国家化与社会化之间，构成对中国基层公共事务治理的阐释。在此基础上，玛丽·兰金（2003：198）提出了"国家和社会之间的交叠中间区域"这一概念，以进一步揭示中国社会"公共领域"的实际意涵。因此，不同于哈贝马斯的"公共领域"概念，中国语境下的"第三域"存在于国家与社会之间，兼具双重功能属性，突出强调国家意志与民间力量的互动交叉，进而形成了一种中国特有的基层公共领域治理模式。但是，上述"第三域"的探讨更多的是从国家与社会关系的角度出发，打破既有"国家－社会"的二元对立，强调国家主导下对基层公共领域的再嵌入，实现集权的简约治理，但较少涉及第三领域内各主体何以实现有序发展与治理功能的有效发挥，且缺少对社会本身的内在生长与能动性的探讨。那么，在治理理念日趋深入的转型时期，如能有力撬动第三域治理主体的力量，充分发挥其双重代理与约制功能，推动国家与社会之间的良性互动，则对于推动国家治理体系与治理能力现代化建设具有重要意义。

（二）双轨并行：第三域治理下评估组织的双重逻辑

基于上述对"第三域"的中国解析，本文立足于新时代下国家治理、政府治理及社会治理的多重需求，提出"第三域治理"这一概念，引入并发挥第三域治理主体的功能，进一步深化共建共治共享的社会治理格局。所谓"第三域治理"，是指存在于国家与社会之间抑或作为国家和社会代理人的治理主体，通过推动自上而下的政策落实和促进自下而上的社会生长来实现国家与社会的良性互动，从而形成一种政府决策、社会协同、公众参与、第三方调节的治理格局。从本质上讲，第三域治理既是基于中国特殊的国家与社会关系而形成的一种治理理念，也是立足急速转型社会发展现实而展开的一种治理实践。相较第三方治理，它更强调治理主体所兼具的双重属性（国家性与社会性）或双重代理身份，通过积极发挥国家与社会之间的桥梁纽带作用，协调与引导政府、企业、社会组织、公众等多元主体参与到公共事务治理之中，重塑国家与社会关系，进而实现公共治理目标和公共服务利益最大化。

第三方评估组织的专业目标在本质上恰恰与第三域治理的内在要求不谋而合。作为创新社会治理的重要实践主体，第三方评估组织始终坚持公正、客观、科学的原则，通过运用专业的评估方法与技巧，既要科学检视政府购买社会服务的实际绩效，促进政府职能转移，切实成为落实政府购买社会服务制度的重要抓手，也要持续推进社会组织的增能建设，提高其"为社会"的服务能力，以更好地承接并胜任政府转移职能，自下而上地促进社会自身的内在生长。同时，作为政社之间的润滑剂，第三方评估组织还积极推动着政社之间从陌生到熟识、从猜疑到信任、从伙计到伙伴，以进一步形成协同合作的政社关系。因此，第三方评估组织不仅仅具备社会组织这一单层身份，其本质上还肩负着加快推进政社分工与合作、协调与重塑政社良性互动关系的重要使命，而这个过程中所展开的一系列实践恰恰彰显着第三域治理的深层要义与最终旨归（见图1）。

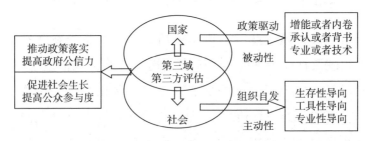

图1 第三域治理视角下第三方评估的实践功能与组织发展框架

由此，作为推动第三域治理实践的重要力量，第三方评估组织要积极推动一系列购买社会服务政策的有效落实，科学考量政府治理绩效，提高政府公信力。在这一实践影响下，加之各类关于加强第三方评估政策文件纷纷出台，各级政府纷纷将第三方评估纳为购买实践的"必选项"，并对外招标寻求专业的评估组织来从项目执行、资金使用、服务影响等多个面向考量购买服务绩效。这将有助于规范政府购买服务、增强评估行政合法性、提高公共政策效力等，也促成了纵向政策驱动下评估组织的被动式增长及其可能产生的多重实践特征。同时，评估组织还要借助专业优势来提升社会组织服务能力，促进社会的生长与壮大，提升公众参与度。但由于评估组织数量偏少、治理需求不断增大激发了组织的内在能动性，来自政府、企事业单位、社会组织等不同领域的组织纷纷主动转型加盟第三方评估，较大程度上壮大了参与第三域治理的主体力量，催生了横向组织自发下评估组织的主动式发展，出现了以生存、工具、专业等为目标的多重实践导向。因此，在纵向政策驱动和横向组织自发的双重推动下，第三方评估组织的力量获得拓展与壮大，这对于构建政社之间的桥梁与纽带、重塑国家与社会关系格局、优化国家治理体制等具有重要作用。

三 被动式增长：纵向政策驱动下第三方评估组织的发展逻辑

从全球范围来看，评估最早始于 17 世纪的美国，20 世纪 30 年代出现了系统性评估，主要对减少文盲、增加职业培训和降低流行病发病率等教育及公共卫生领域的服务进行评估（陈锦棠等，2008：4）。二战后，第三方评估开始聚焦政府治理绩效的多重考量。与国外"实践先行"模式不同，作为西方舶来品，国内社会服务评估更多呈现一种"教育先行"和"政策先行"的态势，且后者对于第三方评估的发展产生了极为重要的推动作用。由此，第三方评估开始以一种专业化、技术化的活动持续参与到第三域治理，并作为一种"制度化的事实"而逐步成为现代社会服务体系的重要组成部分。质言之，从中央到地方这一纵向强制性政策驱动，既是第三方评估在社会服务领域迅速发展的直接原因，也是第三方评估组织数量持续增长的关键因素。那么，在纵向政策驱动逻辑下，作为购买主体的政府是如何看待第三方评估组织的？其发展又呈现何种特征呢？

（一）增能或者内卷：作为专业系统的双重面向

当前，随着治理实践的深入发展，政府购买社会服务日趋成为预防和解决社会问题、加快政社分工与合作、推动社会治理创新升级的一项重要实践机制，而其实际所带来的社会效益或治理效果，也是政府乃至社会公众所关注的重中之重。第三方评估作为一项专业服务技术，旨在通过运用社会科学的方法与技巧来优化社会服务项目，并期望通过了解社会服务行动来减少社会问题（Rossi，Freeman & Lipsey，2002：4），实现"以评促改、以评促建"的目标，从而使项目实施推广、多元资源整合以及政策决策等变得更加有利于整个社会发展和社会公平正义。因此，引入并开展第三方评估工作，既是对"让专业的人做专业的事"这一中央政策的积极落实，可以理顺政社关系、实现良性合作，又是考量购买服务绩效、提升治理效益的一种方式，可以优化政府公共决策，还是对第三方评估组织专业能力的一种公开承认，可助力提升社会组织服务能力、增进社会参与，推动第三域治理。

在具体实践中，作为一种专业系统的第三方评估被不少政府部门所承认，并且政府在筛选第三方评估组织时，逐步开始有意识地选择具有同类或相似项目评估经验且具备一定服务资质（如 3A、4A、5A 组织等级）的评估机构，以期促进政府管理方式的改革创新，提升政府治理绩效。然而，强制性政策驱动下所催生的评估机构，组织类型多样，组织规模不一，专业层次更是参差不齐。例如，在面对大量项目评估需求时，不少机构一味地追求业务量的持续扩张，而忽视了评估本身的专业性及内部治理的规范性，致使评估组织和评估服务的发展呈现一种"双重内卷化"现象，严重阻碍了第三方评估组织在第三域治理实践中专业优势的有效发挥及其功能的彰显，也进一步削弱了评估的专业性与合法性。

（二）承认或者背书：作为实践合法性的两重维度

关于开展社会服务评估的原因，Chelimsky（1997：1-26）提出了四点：一是改进服务，推动服务规范化、专业化发展；二是承担监督者责任，督促项目有序实施；三是推动知识生产，评估结果的发布为新的评估积累经验和知识；四是公关策略，为政策决策提供支持，提高决策的合法性与公信力。由此可见，借助第三方评估的力量，一方面，能够借助科学、客观、公正的专家系统和专业技术对政府所购买的服务展开全方位绩效测评；另一方面，政府的公共政策和治理实践需要具备一定的说服力，而公正客观的第三方评估恰恰为其提供了合法性依据，可以在对政策落实加以监督、推动的同时，促进政府公信力的提升。质言之，评估组织作为政府（购买方）和社会（承接方）之间的第三域治理主体，在不断获得多重承认基础上，借助自身的专业评估为政府实践合法性背书，进一步增强了公共政策的社会效力。

当前，在购买服务实践推进过程中，不少政府部门开始主动将第三方评估纳入政府购买服务体系之列，对每年财政资金所购买的项目开展以结果评估为重点的第三方测评，从而全面考量项目实施效能、资金使用效益等，为自身持续推进购买服务提供决策依据。但是，不难发现，上述第三方评估实践更多停留在一种强制政策驱动下所形成的"政府承认"，而尚未建立起一套立足本土、规范完整的政府购买社会服务第三方评估制度体系或者法规，这就难以实现第三方评估本身应有的"法律合法性"和"社会合法性"，更多呈现为服务于政府购买实践的合法性，即"行政合法性"。例如，在具体评估实践中，一些政府部门常因审计不通过而"后补"评估，即邀请评估机构对早已结项多时的项目进行结果评估、出具评估报告，致使第三方评估组织沦为一种敷衍审计的"结项证明"，以保障政府购买服务实践的延续性。由此，如何真正建立并增强第三方评估组织本身的多重社会承认或合法性基础，切实发挥第三方评估组织的治理功能，应成为学术界和实务界关注的重点议题。

（三）专业或者技术：作为治理工具的二维取向

1979 年，英国以绩效考核为手段对公共部门所开展的"雷纳评审"，重点考量政府的效率和成本问题，这也成为第三方评估在政府绩效评估中加以应用的典型案例，既在政府治理变革中发挥了重要的促进作用，也使作为政府治理工具的第三方评估获得了快速发展。在引入第三方评估对国家具体政策展开调研的基础上，2014 年李克强总理在国务院常务会议上，明确强调"要用第三方评估促进政府管理方式的改革创新"，以更好地推动国家公共政策的有序落实。随后，从中央到地方陆续出台了一系列关于推进第三方评估机构发展的指导意见，要求借助第三方评估来建立和完善政府购买公共服务的管理体制，提升购买服务绩效的"政策声音"持续加强。由此可见，第三方评估作为一种第三域治理的专业实践，其在检视政府治理绩效、优化社会治理实践、构建服务型政府等方面起着重要作用。

然而，在具体评估实践中，自上而下所形成的强制性政策驱动使得政府部门引入第三方评估的治理实践，呈现两种差别化的"工具性"特征。第一，作为一种专业性工具，即政府部门在对第三方评估有着充分认知的基础上，切实协同评估组织构建起较为完善的第三方评估体系，全方位考量购买服务绩效、完善既有服务政策、推动社会治理创新。如S市H区妇联引入X评估机构，结合区域特色和项目特征建立了全过程监管评估体系，推动了妇联更好地实现多元异质需求的满足、社会服务力量的聚合、群团改革目标的回应。第二，作为一种技术性工具，即政府部门更多的是将第三方评估作为一种对社会服务项目进行监管、考核的工具，评估本身也沦为一种"指标性检查"，评估结果的实际效力甚微。如S市P区引入会计师事务所开展的"以指标完成度为核心、以资金使用度为重点"的评估工作，S市T街引入评估方开展的一次性结项评估，更多地将评估作为一种技术操作工具，评估结果应用较少。

四 主动式发展：横向组织自发催生的第三方评估机构行动

第三方评估组织作为第三域治理的重要主体，在明晰角色定位的基础上，借助专业优势来落实购买服务政策、促进政社有序互动和联结，并在评估中不断推动社会组织能力提升、增进公众广泛认同，进一步实现多元主体协同参与的第三域治理格局。正因如此，整个购买服务实践场域对第三方评估组织这一治理主体的需求明显增加，使得来自理论研究、一线实务、行业枢纽、会计咨询等不同领域的组织纷纷"加盟"第三方评估，既推动了第三方评估组织的一种主动式发展形态，也进一步诱发了行业内部的"市场特征"（严俊、孟扬，2018）。那么，在这样一种横向组织自发逻辑下，第三方评估组织的主动发展存在着哪些深层原因或动机？这对于发挥评估功能、理顺政社关系、推动第三域治理又将带来哪些潜在影响？

（一）生存导向：组织成长的新空间

在党和政府的大力支持及政策的持续推动下，社会组织尤其是社工机构获得了迅猛发展，治理实践的社会效能日趋增强。然而，强政府背景下，受资源依赖的制约，机构发展呈现弱自主、弱专业、低社会认同（肖小霞、张兴杰，2012；高丽、徐永祥，2016）等特征，自我造血能力明显欠缺，如何实现组织的持续生存乃是关键。第三方评估作为一个新兴服务领域，行业内既有评估组织屈指可数，加之层层政策的强烈倡导、购买服务市场需求的持续呼唤，不少实务领域的社会组织或枢纽型行业协会纷纷"转型"，将服务评估纳入业务范围之列，进一步开拓组织成长发展的新空间，进而满足组织自身的持续生存需要。

笔者结合在评估领域的长期实践，发现在生存导向驱动下存在三种转型模式。一是"全转式"，即社会组织直接从一线实务转向项目评估。二是"半转式"，实行"两条腿走路"，即将评估作为新的服务板块，采用传统服务与项目评估并行制，以扩展组织的生存发展空间，社工协会、社会组织服务中心等枢纽型组织多为此类模式。二是"催生式"，一般在政府部门的庇护下孵化成立评估组织，承担由政府直接委托购买的第三方项目评估工作，进而实现为政府实践合法性背书和满足组织生存的双重目标。由此可见，首要的生存指向直接引发了第三方评估组织的横向主动式发展，促使越来越多的非科班组织加入第三域治理的评估场域。但这种"应景而生"的评估组织，无论是组织架构、内部管理，还是人员资质、专业能力均存在差异：有的能够承担起评估之专业使命，发挥其社会效力，有的则专业能力欠缺，进一步致使评估沦为"检查工具"，"审查"取代了"增能"，评估组织的实际治理效用令人担忧。

（二）工具理性：追逐利益的新方式

十八届三中全会在《关于全面深化改革若干重大问题的决定》中明确指出，要加快实施政社分开，将适合社会组织提供的公共服务和解决的事项交由社会组织承担，以激活社会组织活力，实现"小政府、大社会"的目标。第三方评估作为促进政府管理方式改革创新的重要机制，也是一种对非营利组织开展考核测评的有效工具，其对于激发组织活力、促进组织规范化与专业化发展均有着多重功能，以保障社会组织公共责任的落实（李丹萍、张玲，2014），助力第三域治理创新。然而，面对整个评估场域的巨大空缺，来自不同领域的社会组织、企事业单位纷纷向第三方评估"投怀送抱"，摇身一变成为承接政府购买服务项目评估的第三方，甚至扮演着"裁判员"（作为评估方）与"运动员"（作为承接方）这一双重角色。由此可见，不少评估组织较多倾向于把第三方评估视作一种"追逐利益"的新工具。

从具体评估实践来看，可从两个层面剖析。第一，工具主义下的利益驱动。当前在承接政府购买服务项目评估的主体中，已出现商业领域内的会计师事务所、咨询公司、规划公司等，且在 S 市某次项目评估竞标中，一家资深的专业评估机构竟被会计师事务所淘汰出局，令人唏嘘。值得思考的是，会计师事务所能够对社会服务项目有正确的认知与理解吗？其是真的因具备开展第三方评估所应有的专业能力，还是因"低价"得标？抑或政府强烈的"资金使用安全"导向？诸此种种，亟待深入考究。第二，工具主义下的"一揽子"原则。在承接政府购买服务评估项目过程中，多数机构往往"来者不拒"，凡是政府所购买的评估项目，无论何种类型、何种要求均揽入囊中，并迎合着购买方需求来开展检查式、应付式、同质化评估，从根本上难以实现评估本身在优化公共政策、提升组织能力、促进政社关系等方面的治理效力。

（三）专业导向：优势发挥的新领域

第三方评估作为现代社会服务体制创新的重要推动主体，因其有着独特的专业性、权威性、可信赖性等特征，进而以一种"专家系统"的身份协同推进着第三域治理实践，这就要求第三方评估组织及其团队具备强烈的专业化特质（赵环、徐选国、杨君，2015），以真正发挥评估的社会效力。因此，以评估、研究为主业的专业化评估机构迅速获得重视，生存发展空间也明显得到扩充、延展，由此激发了以高校、研究院等为代表的"专家系统"建立评估研究组织，全力投入到第三方评估与实践研究中，在积极推动政府购买服务项目评估的同时，也以参与式研究的方法对第三方评估形成深入性的学理分析，并在理论与实践相结合的基础上，发挥第三方评估在经验总结、社会倡导、政策研究等方面的专业优势，推动现代社会服务体系创新升级。在某种意义上，第三方评估具有专业权力，但是这种专业权力应该尽可能切断与行政权力之间的关联，并避免自身的行政化导向（陶传进、朱卫国，2018：280～293）。

在评估领域中，专业的第三方评估积极发挥桥梁、润滑作用，充分践行"以评促建"之目标，在优化购买机制、畅通政社关系、促进社会生长等方面发挥了一定作用，但因受结构性、合法性、社会性等多重风险的制约，以专业为导向的评估组织也遭遇着诸多危机。例如，从业务模式来看，多数第三方评估机构主要以开展传统服务评估为立足点，如对政府购买服务项目进行一次性总结式评估、过程性评估、全程跟踪式评估等，以满足政府治理与组织生存需要。而评估实践研究与政策倡导则更多地成为辅助性或次要性业务，忙于流水式评估，疏于总结性研究，评估专业性日渐缺位，专业优势逐步式微。同时，由于政府、社会组织以及社会公众对第三方评估仍缺乏必要的认知与认同，在实践中评估方被购买方视为"治理工具",被服务提供方视为"政府助手",被社会公众视为"审计部门",社会承认危机凸显,评估行为的有效性遭受质疑,进而出现"第三方评估失灵"现象(徐选国,2017)。

五 何以发生:第三域治理下评估组织
发展偏差的生成机制分析

基于上述对纵向政策驱动和横向组织自发这一双重逻辑下第三方评估组织发展形态与实践困境的深度剖析与探讨,值得进一步反思的是:作为第三域治理重要主体的评估组织,为何在实践中发生多重专业功能的偏离?导致评估组织出现发展困境或者实践偏差的生成机理是什么?对此,本文尝试从结构性限制、合法性限度、专业性式微、社会承认度低四个方面加以阐释,阐释双重逻辑下第三方评估组织出现结构困境的深层次原因。

(一) 结构性限制:第三方评估主体的功能定位模糊

从第三域治理的实践空间来看,第三方评估组织承担着国家与社会的双重代理身份,通过专业的评估实践来持续协调、推动着国家与社会之间的有序互动与良性关系,以更好地促进购买服务政策的优化推广、激发社会主体的内在力量、构建共治共享的治理格局。然而,在"政社难分""政府越位""社会缺位"的传统管理机制下,第三方评估组织虽身为第三域治理主体,却长期缺失第三域的结构性位置,因此结构性限制乃是评估组织发展偏差的首要原因。具体来讲,一方面,在我国整个治理格局中并未真正形成相对成熟的第三域治理空间,更多停留在以政府为核心主导的管理模式上,放权、让权实属有限,"让专业的人做专业的事"这一政策的落实也尚有欠缺,致使社会主体本身的生长空间相对狭小,且"第三域"本身的结构性位置属于缺失状态,进而使得第三方评估组织也未能纳入整个结构性治理体系之列,功能发挥必然受限。另一方面，在结构性限制的影响下，政府部门、社会公众等对治理尤其是第三域治理的理性认识尚属匮乏，对包括第三方评估组织在内的第三域治理主体也未建立起细致清晰的功能定位，其角色担当、职能发挥等尚处于模糊状态，因而进一步制约了第三方评估组织在治理实践中多重社会效力的彰显。这种结构性限制背后的深层原因在于传统思维下政社不分、以政代社的现实仍有留存，既阻碍了多元主体协同参与治理机制的形成，也影响了国家治理体系与治理能力现代化的实现进程。

（二）合法性限度：第三方评估发展的制度保障缺失

一般而言，合法性涉及法律合法性、行政合法性、政治合法性和社会合法性（高丙中，2000）等四个维度。本文所指的"合法性限度"更多地强调第三方评估组织因法律合法性和社会合法性的缺位所带来的治理实践限度。有学者从公共性、制度化、社会化三大维度来评价政府购买绩效的合法性（徐家良、许源，2015），为本文提供了积极的启示。当前，在层层政策驱动下第三方评估组织在检视政府治理绩效、优化购买服务机制等方面确实发挥了一定效力，政治合法性和行政合法性得以不断增强。但是，纵览我国既有法律制度体系，至今未能出现对第三方评估及其组织发展的相关规定或说明，致使第三方评估明显缺少法律法规所提供的权威性保障，进而在多重风险影响下评估实践的合法性不断受到质疑，专业效能的发挥较多停留在"检查工具"或"行政助手"层面，而所谓的"第三域治理"功能只能止步于想象与倡导。这一现实的出现，与第三方评估组织的结构性限制有着密切关系：国家治理体系内始终未形成对第三域治理及其主体的明确定位，使得第三方评估及其组织发展更多来自从中央到地方的政策倡导，以及学术界、实务界的持续呼吁，而本身具有核心效力的法规制度却未能形成文本痕迹。此外，第三方评估本身缺乏一定的社会文化基础，社会辨识度不高，更多地被公众视为"政府审查代表"而非专业的第三方，这就进一步弱化了评估组织的社会合法性。由此，法律合法性和社会合法性皆处缺位状态的第三方评估组织必然在具体实践中受到不同程度的约制与影响。

（三）专业性式微：评估能力的内在权威失效

专业性作为第三方评估的本质属性，乃是评估组织充分发挥第三域治理功能、促成政府与社会之间有序衔接与互动的重要保障。在购买服务评估场域中，不少评估组织常将"专业性"标榜为自身优势，致力于推动社会治理实践创新，而具体实践却往往令人大失所望。在纵向政策驱动和横向组织自发双重影响下，第三方评估组织之所以发生功能异化或偏离，除了受制于结构性位置和合法性保障的缺失，其本身专业性式微也是造成治理功能和评估权威日渐失效的核心原因。具体来讲，一方面，整个评估行业长期缺乏科学规范的准入机制，低门槛、弱规范使得第三方评估成为各类组织能够自由进驻的服务领域，进而出现多数评估组织的专业性程度不高、组织能力不强、团队能力参差不齐，严重降低了评估本身的专业性，"评估流于形式""迎合需方而篡改评估结果"等现象时有发生，那么其理应具备的第三域治理效能自然也就无从谈起。另一方面，第三方评估作为一项专业服务技能，未能建立一套科学系统的职业能力资质认证体系，使得无法考评评估人员的专业资质，进而出现一种"人人皆可做评估"的乱象。值得一提的是，在 2019 年 3 月全国"两会"上，针对当前评估标准不一、专业水平较低、专业人才匮乏等现状，有人提出要通过"建立公益评估行业专业人才标准体系"，以更好地鼓励、引导并规范第三方评估发展。由此，如何尽快借助多种制度规范来提升第三方评估的专业性，乃是有效发挥其第三域效能的核心所在。

（四）社会承认度低：公众认同的文化基础薄弱

尽管不同层级的政策文件均在强调第三方评估对于规范项目运作、

优化购买机制、提高治理绩效的突出作用，并要求建立由购买方、服务对象及第三方评估等多元主体组成的综合性评审机制，从而更为科学客观地审视社会服务效益。然而，第三方评估及其组织作为一个新生事物，在整个社会体系内缺乏相应的文化传统与社会规范，包括社会组织、社区、公众等在内的各类主体对其存在较低的认知度，"评估是什么""为什么评估"等均属于待解状态，这就使得评估组织的持续发展缺失了极为重要的社会承认基础，而所引发的微弱的社会认同、较低的社会化参与等进一步加剧了第三方评估组织发展过程中的诸多偏离与困境。例如，第三方评估组织一般通过多主体评价信息的收集来推动项目发展、完善购买体系，以期在政社关系互动中发挥调节与纽带作用。但是，在评估组织了解服务对象对服务项目的评价时，往往因为评估本身的弱认知、低认同以及中国特有的人道主义文化而难以获取真实的评价意见，进而无法测量出政府购买服务的有效性及深层问题，那么第三方评估就无法促成政社之间服务信息的有效传递，容易流于形式。

六 结语

从第三域治理的意义来讲，第三方评估组织作为促成国家与社会之间有序联结互动的桥梁与纽带，既是推动购买服务政策规范实施、检视政府治理现实绩效的重要工具，也是增强社会力量服务能力、促进社会主体持续生长的专业支撑，其在理念、目标、使命以及行动逻辑等方面均与第三域治理密切契合。然而，在政策纵向驱动和组织横向自发这一双重发展逻辑下，第三方评估组织整体呈现一种"被动式增长+主动式发展"相结合的趋势，这在一定程度上推动着第三方组织及其评估体系的持续性发展，但在实践中却囿于结构性限制、合法性限度、专业性式微、社会承认度低等多重规制，第三方评估组织的良性发展与功能发挥出现偏离，"权威受疑""专业失效""评估失灵"等现实不断拷问着整个第三方评估行业，如何将评估组织在现有治理体系内所具有的多重社会效能从应然走向实然、从理论阐释落至本土实践，应成为党政界、学术界、实务界等进一步深入探究的重要治理议题。

如今，"第三方评估"在国家顶层设计与创新社会治理机制内的热度仍在持续增长，且公益评估专业人才标准体系也被提上日程。在重新理解第三域治理内涵与机制的基础上，一方面，要在治理体系内明确第三方评估的结构性位置及其功能导向、在法律体系内落实合法性身份及其制度保障、在专业体系方面提升评估能力及其内在权威、在文化体系内增强公众承认及其有效参与，切实推进整个第三方评估行业的健康有序发展；另一方面，还要在制度日趋健全、实践持续积累的同时，结合国家治理体系与治理能力现代化的内在要求，对既有评估体系、评估实践等进行必要的规整与反思，逐步建立起一套科学、专业且符合本土实际的评估理论体系及其模式，以增进第三方评估组织的制衡效用与治理效力，从整体上促进社会体制改革与社会治理创新升级。本文所提出的第三域治理有望能够推动当前国家与社会关系的范式转移，并通过现实中第三方评估实践推动国家与社会关系的重构，进而促进社会创新。

【参考文献】

陈锦棠等，2008，《香港社会服务评估与审核》，北京大学出版社。

邓国胜，2007，《民间组织评估体系：理论、方法与指标体系》，北京大学出版社。

段红梅，2009，《我国政府绩效第三方评估的研究》，《河南师范大学学报》（哲学社会科学版）第 6 期，第 47 ~ 51 页。

高丙中，2000，《社会团体的合法性问题》，《中国社会科学》第 2 期，第 100 ~ 109 页。

高丽、徐永祥，2016，《民办社会工作机构发展的多重特征及其生成机制分析——以社会治理创新为视角》，《社会工作》第 1 期，第 66 ~ 74 页。

黄宗智，2003，《中国的"公共领域"与"市民社会"——国家与社会间的第三领域》，程农译，载黄宗智主编《中国研究的范式问题讨论》，社会科学文献出版社。

莱斯特·萨拉蒙，1998a，《第三域的兴起》，于海译，《社会》第 2 期，第 14 ～ 15 页。

莱斯特·萨拉蒙，1998b，《非营利领域及其存在的原因》，载李亚平等编选《第三域的兴起》，复旦大学出版社。

李丹萍、张玲，2014，《境外非政府组织评估：功能、定位与评估体系》，《行政论坛》第 4 期，第 85 ～ 89 页。

李勇，2010，《非政府组织问责研究》，载王名主编《中国非营利评论》，社会科学文献出版社。

罗敏闻、刘玉照，2015，《社会组织发展与国家权力的运作——基于上海市 XJY 的实证研究》，《中国第三部门研究》第 2 期，第 35 ～ 48 页。

玛丽·兰金，2003，《中国公共领域观察》，武英译，载黄宗智（主编）《中国研究的范式问题讨论》，社会科学文献出版社。

潘旦、向德彩，2013，《社会组织第三方评估机制建设研究》，《华东理工大学学报》（社会科学版）第 1 期，第 16 ～ 22 页。

石国亮，2012，《慈善组织公信力重塑过程中第三方评估机制研究》，《中国行政管理》第 9 期，第 64 ～ 70 页。

陶传进、朱卫国，2018，《专业权力的逻辑及其应用问题》，载王名主编《中国非营利评论》，社会科学文献出版社。

托克维尔，2013，《论美国的民主》（下卷），董果良译，商务印书馆。

王名，2019，《评估改变社会：谈谈我对社会组织评估的几点认识》，《中国社会组织》第 1 期，第 54 ～ 55 页。

肖小霞、张兴杰，2012，《社工机构的生成路径与运作困境分析》，《江海学刊》第 5 期，第 117 ～ 123 页。

谢岳，2000，《"第三域"的兴起与"政府空心化"》，《学术研究》第 4 期，第 60 ～ 64 页。

徐家良、许源，2015，《合法性理论下政府购买社会组织服务的绩效评估研究》，

《经济社会体制比较》第 6 期，第 187～195 页。

徐家良、赵挺，2013，《政府购买公共服务的现实困境与路径创新：上海的实践》，《中国行政管理》第 8 期，第 26～30 页。

徐双敏，2011，《政府绩效管理中的"第三方评估"模式及其完善》，《中国行政管理》第 1 期，第 28～32 页。

徐双敏，2012，《"第三方"评估政府绩效的制度环境分析》，《学习与实践》第 8 期，第 72～79 页。

徐选国，2017，《社区公益服务项目第三方评估的"内卷化"困境及其治理》，《中国社会工作》第 2 期。

徐选国、黄颖，2017，《政社分开与团结：政府购买社会服务第三方评估的风险及其治理——基于 S 市的评估实践》，《社会工作与管理》第 2 期，第 70～77 页。

徐永祥、潘旦，2014，《国际视野下第三方参与慈善组织评估的机制研究》，《江西社会科学》第 8 期，第 205～209 页。

严俊、孟扬，2018，《道德化市场中的社会组织：市场区隔与"价值 - 利益"双目标行为》，《中国第三部门研究》第 2 期，第 125～150 页。

赵环、徐选国、杨君，2015，《政府购买社会服务的第三方评估：社会动因、经验反思与路径选择》，《福建论坛》（人文社会科学版）第 10 期，第 147～154 页。

赵环、严骏夫、徐选国，2014，《政府购买社会服务的逻辑起点与第三方评估机制创新》，《华东理工大学学报》（社会科学版）第 3 期，第 1～6 页。

Chelimsky, E. 1997. "The Coming Transformations in Evaluation." in E. Chelimsky and W. R. Shadish (eds.), *Evaluation for the 21st Century. A Handbook*. Thousand Oasks, CA: Sage, 1 - 26.

Rossi, P. H., Freeman, H. E., and Lipsey, M. W. 2002. *Evaluation: a Systematic Approach (sixth edition)*, CA: Sage, 参见彼得·罗希等《项目评估：方法与技术》（第六版），邱泽奇等译，华夏出版社。

书　评

BOOK REVIEW

中国第三部门研究　第 18 卷
第 121～135 页
© SSAP，2019

美国慈善业的历史演进与经验借鉴

——评《美国慈善史》

周　俊*

摘　要： 美国是世界上慈善业最为发达的国家之一，了解美国慈善史，能够为我国慈善业发展提供一定的经验借鉴。《美国慈善史》一书系统梳理了美国慈善业从 19 世纪末到 21世纪初的发展历程；展现了美国"新慈善业"的兴起及其民主化进程、慈善业发展中慈善与政治关系的变化、慈善机构"寻求一个非营利部门"的努力，以及海外慈善战略从人道主义援助到建设全球社区的转变；深入讨论了慈善业在塑造"美国世纪"，尤其是在美国民主政治发展中的独特作用。借鉴美国经验，我国慈善业的进一步发展需要明确根本目标，加大政府支持力度，加强慈善机构间的合作与联合，积极实施海外慈善战略。

* 周俊，华东师范大学经济与管理学部公共管理学院教授、博士生导师，华东师范大学社会组织与社会治理创新研究中心主任，美国印第安纳大学、德国基尔大学访问学者，浙江大学哲学博士，主要从事政社关系、社会治理创新、公益慈善等方面的研究。E-mail：jzhou@sem.ecnu.edu.cn。

关键词：慈善业　慈善基金会　慈善民主化　非营利部门

作为世界上最为发达的国家之一，美国不仅经济实力雄厚、科技发达，而且拥有繁荣的慈善事业。2018 年美国慈善捐赠总额达到 4277.1 亿元，占其国民经济的 2.1%，比 2017 年增加 177 亿元，创历史新高。① 事实上，自 2000 年起，美国慈善捐赠总额总体上呈现持续增长的趋势，仅在 2008 年金融危机后有短暂的跌落。与慷慨的慈善捐赠共存的是一个庞大的接受慈善捐赠的非营利部门。据统计，美国获得免税资格的非营利组织约有 190 万个（贾西津，2015），平均每万人拥有的非营利组织数量超过 50 个。

美国慈善业的繁荣源自其上百年的努力和积累。对此，美国著名历史学家奥利维尔·聪茨（Olivier Zunz）教授 2012 年出版的《美国慈善史》（*Philanthropy in America：A History*）一书做出了详细叙述。该书全面梳理了美国慈善业从 19 世纪末到 21 世纪初的发展历史，并在此基础上详细讨论了"慈善事业在塑造'美国世纪'中的特殊作用"（聪茨，2016：1）。作者特别关注慈善捐助提升美国民主的方式，他试图向读者展示"各阶层的美国人是如何在慈善业中投入了巨大的精力，以及基金会和社会机构的网络是如何提升美国民主的"（聪茨，2016：4）。本文先基于《美国慈善史》概述美国慈善业的演进历程及其作用，然后总结美国慈善业繁荣发展的内在动因和外在政策支持，最后借鉴美国经验，提出进一步促进我国慈善业发展的建议。

一　美国慈善业的历史演进及其民主意义

《美国慈善史》全书共 9 章，时间跨度从 19 世纪末到 21 世纪初，

① 参见美国施惠基金会《捐赠美国》（*Giving USA*）。http://www.sohu.com/a/323467378_73311 4。最后访问日期：2019 年 10 月 2 日。

探讨了美国"新慈善业"的兴起和发展及美国慈善家们建立全球社区的努力和技术发展对大众慈善业的影响。仔细梳理作者的思路和观点，可以将全书内容概括为四个方面：一是对富人慈善与大众慈善交织发展、共同作用的分析；二是对慈善与政治（政府）关系的讨论；三是对美国慈善机构寻求联合发展的介绍；四是对美国慈善的国际化进程和全球理想的论述。基于这四方面内容，我们既可以把握美国慈善业的百年发展脉络，也可以理解慈善业在美国取得根深蒂固地位的原因。

（一）从"新慈善业"的兴起到慈善民主化

美国钢铁大王卡内基曾说："带着巨富死去的人，是耻辱的。"在美国慈善业发展的早期，富人捐赠发挥了重要的引领和示范作用。从19世纪90年代开始，美国富人数量急剧增加，到20世纪初期，百万富翁数量已经超过四万多人。富人们积极地将自己的财富捐赠出去，用于建造大学、图书馆、博物馆和医院等。他们在慈善业上的制度创新被广泛认为是"文明"的新生力量，被约翰霍普金斯大学的第一任校长吉尔曼称为"新慈善业"。与传统投资完全不同，新慈善业坚持寻求解决社会问题的长期方案，而非暂时性地解决贫困群体的问题。这一时期，以纽约州为代表的对继承和托管等法律的变革，为慈善捐助奠定了制度基础。与此同时，富人们和改革者在福利系统化、机构创新方面进行了卓有成效的努力，出现了"慈善基金会"这一专门管理大型慈善资源的专业性机构。

在20世纪的头30年中，美国慈善基金会的数量从15家增长到300多家。这些慈善基金会在为美国打造非宗教的、科学的、专业的学术机构方面做出了巨大贡献，大大增强了美国人创新知识的能力。慈善家们也资助农业生产和公共卫生改革，这两项都是为了南部经济改善而确定的联邦改革时代的公共政策。他们在之后将这些南部经济项目纳入公共卫生和发展的国际主义运动之中。

在富人慈善快速发展的同时，大众慈善业（人民慈善业）也蓬勃发展。20 世纪初期爆发的"预防结核病运动"使人们认识到，在某些领域，"人们自己可以完成得更好"。红十字会的"出售印章"募捐活动、全国教育协会的儿童"十字军"活动，都是 20 世纪初期大众募捐活动的成功尝试。自此，慈善不再是富人的"代名词"，越来越多的普通民众也参与到慈善事业中，个人捐赠成为美国慈善文化的重要组成部分。这一时期大众慈善的发展呈现两个特点。一是筹资的专业化。主要表现为出现了专门的筹资公司，专业的筹资人员和有针对性的动员策略有效提高了筹资水平，为慈善机构带来了新型的慈善资源管理方式。二是慈善捐助的民主化。随着大众慈善活动的开展，很多家庭都会在家庭预算中制定捐款预算，多数美国人已经将慈善捐赠当成一种美德。直至今天，个人捐赠仍然是美国慈善捐赠的主要来源。2019 年的《捐赠美国》（*Giving USA*）显示，2018 年个人捐赠占捐赠总额的 68%，遗产捐赠占 9%。

（二）从慈善与政治的合二为一到两者的分分合合

私人资助部门的日益增多提出了如何处理慈善事业与政府关系的问题。在 19 世纪的法庭中，遗嘱认证法官认为，市民不得试图将捐赠个人财富作为改变法律的砝码，而是应该将合法的善款捐给合法的事业，只要受到挑战的慈善团体不直接干预政府，法官都会认为慈善的目的是合法的。随着所得税在联邦政府中相比关税而言变得日益重要，以及用于慈善业的资金越来越庞大，在决定慈善业的目标和范围时，免税政策最终比遗嘱认证的规定更加重要。美国于 19 世纪末开始实施针对慈善业的联邦税收政策。1919 年，不能为慈善开展政治宣传的原则首次出现在财政部的规定中，财政部官员把税收豁免作为规范慈善机构的工具，严格区分教育和政治宣传。1934 年的税收法案正式将教育与宣传分离，这是美国慈善事业监管中的重要转折点，此后，政治宣传成为不给予免税的理由。然而，事实上区分教育与宣传两种目的非常困难。"捐助行为能在民主国家既富有意义，但又不妨碍政治"（聪茨，

2016：58）这一任务常常难以完成。

20 世纪末期，非营利部门达到了对政治宣传和游说放开这一目的，虽然违反税法，但保守派慈善家们继续资助美国改革的政治议程（资助参与公开政治议程的智囊团），并且获得了最高法院的支持。当前，对非营利组织参与政治活动的唯一重要的限制是禁止它们参加选举宣传。很多组织打着教育活动的旧幌子甚至跨越了这一界线。在某种意义上，美国非营利组织已经成为托克维尔曾预言过的"美国自由的引擎"。

同慈善与政治的关系一样难以厘清的是私人慈善与政府慈善的边界。第一次世界大战期间，赫伯特·胡佛设法让慈善机构充分参与到"复合共和制"之中。他不仅让一些基金会、智库参与政府项目，而且多次说服红十字会、基金会等大型慈善机构和私立社会服务机构参与救灾救难，以解决大萧条带来的苦难。罗斯福新政期间，慈善救济成为联邦政府应该承担的主要责任，政府与慈善机构的职责实现了分离。时任紧急救济署署长的哈里·霍普金斯禁止将联邦资金转交给私立机构分配，认为应该将穷人从接受私人救济的耻辱中解救出来。尽管如此，仍然存在各种维持公、私资金混合合作的策略。新政方案持续 30 年后，在"伟大社会"计划中，联邦政府再次利用私人慈善力量促进社会服务业，政府与市民社会机构的相互合作重新获得发展，联邦政府成为最大资助者，私人机构则负责提供社会服务。

20 世纪中期，企业基金会开始出现并快速发展，大众慈善急剧扩张，社区福利基金会开始发挥作用。与此同时，州和联邦政府提供了约73%的资金，资助从学校午餐到退伍军人服务这样的项目，并承担对老人援助总费用的 95%（聪茨，2016：104）。慈善业在科学、福利和教育等方面与国家力量形成了竞争，这迫使许多慈善机构重新思考它们的使命，寻找新的发展机会，慈善领袖们甚至担心其机构会被强大的政府接管。到 20 世纪 80 年代中期，非营利部门从联邦政府收到的资助大量下降。90 年代，布什总统提出，"对于成功人生的任何准确定义都必须包括服务他人这一点"（聪茨，2016：150），倡议私人提供志愿服务。有意思的是，这一时期非营利机构从政府那里获得的资助却居高不下，形成了社会服务的混合政治经济新模式，并且一直持续到今天。

美国政府与慈善机构关系的分分合合屡次引起公众关于"慈善事业应该在国家事务中起到什么样的作用"的争论，甚至激起了对什么是适合的政治经济体制的讨论。直到今天，这仍然是美国慈善业发展中的重要议题。

（三）从多元分散到"寻求一个非营利部门"

20 世纪中期，美国慈善业已经颇具规模，1955 年美国慈善基金会的数量达到 1488 个，慈善捐助已经成为美国人生活的一部分。但是，这一时期政府慈善功能也在不断扩展，分散、多元发展的慈善机构在与政府的竞争中深刻地感受到威胁和危机。20 世纪 60 年代中期至 80 年代这十几年间，约翰·洛克菲勒三世等慈善家，努力寻求在基金会与大众慈善之间达成一致，以获得社会认可。他们希望有一个部门，能够不受政府控制，但又能接受政府资助。这个部门就是受各种力量共同推动而逐渐形成的"非营利部门"，或称"第三部门""志愿部门"。1964年，洛克菲勒提议建立"第三方"委员会；1965 年，1954 年成立的"慈善募捐会议"更名为"全国慈善委员会"，以表明他们在努力"为能让整个领域发出民族之声"而提供平台（聪茨，2016：142）；1976年，洛克菲勒帮助成立了"志愿者联合部门组织"；1980 年，政府特许将这两个组织合并成一个独立部门。独立部门怀着对其成员和事业的足够信心，努力创立一个有关志愿者行为和非营利部门的知识体系，以便各方都能够分享。他们有力地推动了美国非营利组织和志愿服务学术研究的发展。

与多元自由派相同，保守派也积极寻求非营利机构的联合。保守派联盟所选择的武器是非营利智囊团。慈善家们定期资助智囊团，将工作重心放在几个重要的思路和政策建议上，以紧缩政府开支、维护自由市场资本主义和捍卫"小政府"。有意思的是，20 世纪 80 年代，保守派改变了策略，与多元自由主义一样寻求让联邦政府加大力度资助它们的非营利组织模式。而最高法院则极力帮助两种党派的非营利组织更加紧密地联系在一起，以促进以信仰为基础的组织都能得到联邦资助。1996 年的《福利改革法案》（*The Welfare Reform Act*）要求，如果各州要利用非营利组织来提供联邦政府资助的社会服务，那么，它们就必须将宗教组织视为"合格的承包方"。至此，美国政府承认了超越教会和政府之间区别的非营利部门。

（四）从战后海外援助到建设全球社区

第二次世界大战后，美国慈善组织将注意力转移到对海外战争难民的营救工作以及协助重建工作上，使人道主义成为美国式和平的一个重要组成部分。美国在 1942 年成立了对外救济和善后执行处，在国际救助上迈出了坚实的第一步。次年，美国加入联合国善后救济总署，由于国会严格限制慈善拨款的比例，所以美国在很大程度上仍依赖于通过与私人慈善组织的合作发挥作用。

冷战开始后，美国的慈善业肩负起了通过教育和文化活动改变公众观念的责任，福特基金会等一些大型慈善基金会不仅提供资金，而且致力于向外输出美国的价值观与文化，一些基层的非营利组织也参与其中。与此同时，在美国的战后海外援助项目中，慈善组织不仅最先成为政府的合作伙伴，而且是海外农业发展计划的先驱。洛克菲勒基金会曾是支持国内外农业发展的带头组织，它一直为近东民主基金会提供资金，帮助其在希腊、叙利亚、阿尔巴尼亚等国实施农业示范项目和家庭卫生工程。聚集于"心理战"和"发展"的海外援助事业有力地提升了美国的国际慈善形象。但在这一过程中，也出现了在以色列政策上美国政府与慈善组织之间的裂缝，慈善组织推动政府很不情愿地对犹太国家采取更为妥善的立场，证明了自身对国际政策的影响力。

在 1984 年的埃塞俄比亚饥荒中，美国友谊服务委员会、世界宣明会等机构发挥了重要的人道主义救助功能，许多美国捐助者都积极拥护非政府组织所提倡的解决大规模饥荒问题的普世主义。此外，埃塞俄比亚救援行动还促使里根政府加大了对灾区的援助，并且让美国慈善家思考支持发展中国家保持长期经济增长的必要性。20 世纪 80 年代，美国慈善机构为避免直接将资源交给发展中国家政府管理可能引起的腐败问题，开始开通直接资助社区的资金渠道，力争让全世界范围内的穷人实现"最大化的可行性参与"，从而促进经济发展和人权进步。其中，福特基金会作为尤努斯和他的格莱珉银行的最初资助者所发挥的先驱作用值得铭记。

冷战结束后，美国慈善家们看到了将资本主义和市民社会作为民主动力的机会，无论慈善机构的任务是什么，它们都在为稳定的市民社会铺路。它们不仅为那些处于困境中的人们提供援助，而且在发展中国家培育本土非政府组织。在这一进程中，大规模的社区性捐助活动成为私人慈善国际援助的主要形式，美国慈善家们不断创新思路，试图使世界各地的社区能够共享全球资金，而技术的发展使实现这一目标变得更加容易。

二 美国慈善业发展的源动力与政策支持

《美国慈善史》一书既向读者展示了美国慈善业的繁荣，又在历史叙述中间接讨论了慈善业繁荣发展的原因。众所周知，宗教慈善是美国慈善业的重要构成，美国历史上的两次慈善浪潮产生于经济高速增长期（刘芳，2008），因而，我们通常认为宗教文化、经济水平是美国慈善事业繁荣的重要原因。然而，聪茨教授在《美国慈善史》一书中几乎没有论及宗教、经济对美国慈善业发展的意义，而是特别强调美国慈善业发展的源动力——"为了人类的进步"和推动民主发展，以及同样重要的，美国政府为慈善业发展提供了强有力的政策支持。

（一）"为了人类的进步"

美国"新慈善业"与传统慈善的最大区别是，不再将帮助贫困群体解决问题作为慈善的主要目的，而是坚持寻求解决社会问题的长期方案。正如书中所言，"慈善是为了救济有需要的人，而慈善事业是为了人类的进步"（聪茨，2016：2）。要实现这一目标，单靠慈善家自身的力量远远不够，所以在美国，慈善事业是由政府、富人、改革家、学术界、司法机构共同推动的，是由他们协力发展起来的。

一方面，"为了人类的进步"体现在美国的国内慈善向来不仅仅以短期资助为目标。早期慈善业以支持高等教育、调查研究为主要内容，但资助者的目标不是简单地支持教育和研究，而是支持美国高等教育世俗化，希望教育能够挣脱教派的宗教控制，独立开展科研和教学项目。在北部慈善事业"出口"到南部的过程中，为教育改革、促进公立教育发展而做出的努力寄托了慈善家和改革者们消除种族歧视、改善种族关系、使人最终拥有市民权的愿望。这些理想和信念在 20 世纪 60 年代部分慈善机构支持国内民权运动、"为市民权投资"中反复得到体现。

另一方面，在战后对外援助和冷战后的国际人道主义援助中，美国慈善机构虽然受到执行美国国家战略、向被援助国家输送意识形态的指责，但它们并不以短暂地解决贫困、饥荒等问题作为对外援助的目标，而是尽最大努力让人道主义援助成为长期措施。他们希望将在国内"反贫困战争"中获得的经验，应用于那些不幸的地区，努力让全世界的穷人通过"参与"获得发展。为此，一些慈善基金会制定全球目标，努力参与艾滋病、肺结核等传染病的研究和防治工作；大量慈善机构参与全球社区发展计划，希望世界各地的社区都能够共享全球资金。

（二）推动民主发展

"慈善事业应该在国家事务中起到什么样的作用"始终是美国慈善

业发展中的重大议题。美国慈善业中存在多元自由派和保守派两股力量。前者希望能够从政府那里获得更多的慈善，与政府共同提供社会服务，改善公众福利，建立美好社会；而后者则对政府过多介入社会服务保持警惕，希望维持"小政府"规模，以最大限度地保持社会自由。这两股力量共同作用，使美国慈善业在发展中出现了政府慈善与民间慈善此起彼伏的现象。对政府应保持合适角色的追求在两者关系的动态变化中从来都处于核心地位，而其背后隐含的则是慈善业对政府行为的约束和对民主的坚持。

慈善事业推动民主的努力还体现在慈善家、慈善基金会等对慈善与政治边界的不断突破。在上百年的发展中，慈善与政治的关系发生了巨大变化。在早期，慈善机构对政策的影响力有限；20世纪前期，慈善机构获得了教育的权利；到20世纪末期，非营利机构仅仅不能参加选举宣传。对政治的影响一步一步加强，既是慈善机构、非营利部门发展的动力，也是其成效。为了达成这一目标，慈善基金会等进行了持续的努力，多元自由派建立了大量研究机构，保守派联盟则将智囊团作为发展战略，双方在政策研究和政策建议方面都做出了巨大贡献，成功地影响了美国政府的决策。

（三） 强有力的政策支持

如果说"为了人类的进步"和推动民主发展是美国慈善业发展的源动力，那么，来自政府的支持则是美国慈善业繁荣的外在原因。政府支持主要包括税收优惠、资助非营利组织提供社会服务和为非营利组织提供发展平台。

早在1909年，美国就为"专门以宗教、慈善或是教育为目的"的机构免除了营业税。随后，美国税收法案逐步扩大免税组织的范围，最终，凡是符合《美国联邦国内税收法典》第501条（C）款（3）项规定的非营利组织都可以获得免税资格。慈善捐赠免税政策是鼓励纳税人捐款或创建新的慈善机构的重要机制。1917年，美国税法对私人慈善捐赠给予了个人所得税的优惠待遇，这一政策在里根政府时期还因现实需要而进行过更新。税收优惠政策直接推动了慈善捐赠，保护了大众的慈善热情，是美国慈善业发展的重要原因。

政府资助非营利部门提供社会服务，对美国慈善业发展具有不可低估的意义。受英国慈善文化的影响，美国政府一直肩负慈善责任，只是在应承担多大责任和是否应借助非营利部门来实现责任这两大问题上存在分歧。从整体上看，在 20 世纪的大多数时间里，政府慈善部门与非营利部门建立了合作伙伴关系。为实现"复合共和制""伟大社会"等计划，政府资助非营利组织，让其提供社会服务。在 20 世纪末期，美国政府即使十分强调社区和市民责任，但对非营利部门的资助也未减少。在上百年的历史中，政府慈善与民间慈善共同存在、交织发展，正是在这种关系中，美国慈善文化深入人心，美国人普遍"把慈善业作为生活标准的一部分"。

除资助与合作，美国政府还为慈善组织提供发展平台。美国政府非常清楚，慈善业对塑造美国人在世界上的形象有潜在的好处。在二战中，美国战争救援控制委员会与慈善基金会合作，帮助部队和受害者募集资金。在战后对外援助中，美国政府与一些大型慈善基金会在战略方面合作；在制定冷战策略的过程中，少部分基金会的人员与政府结成了联盟。美国政府为非营利机构创造行动空间，向它们提供帮助和支持，同样存在于冷战结束后对发展中国家的长期援助和世纪之交的全球社区建设之中。可以说，美国政府是推动非营利部门走向全球、树立全球慈善形象的最重要的力量。

三　美国慈善业发展对我国的借鉴意义

我国有着悠久的慈善传统（王名，2002），改革开放后，这一传统得到复苏，新的慈善事业开始发展。1981 年，我国成立第一家慈善基金会；1998 年，《民办非企业单位登记管理暂行条例》发布，民办公益机构获得合法身份，随后进入快速发展期。2008 年，汶川大地震激起了社会的捐赠热潮，对灾区的捐赠金额首次达到千亿元（郑远长，2008）。2016 年和 2017 年，《中华人民共和国慈善法》和《志愿服务条例》先后颁布，慈善事业迎来新的发展契机。近年来，在信息技术的推动下，"互联网＋公益慈善"逐渐形成（张楠、王名，2018），慈善业步入发展的快车道。据统计，2019 年 4 月，全国共有慈善组织 5599 家，其中基金会约占 71.66%；2018 年，我国接收国内外款物捐赠共 1624.15 亿元，[①] 其中，个人捐赠共 360.47 亿元，仅次于 2008 年汶川大地震的捐赠金额。

虽然我国慈善业取得了显著成就，但从整体上看，与发达国家相比还存在一定差距。2014 年我国的慈善捐赠占 GDP 的比例仅为 0.1%，而美国的这一比例为 2%（Bies & Kennedy，2016：621）。我国慈善机构在扶贫救弱、人道主义救援等方面的功能尚未充分发挥（姚俭建、Collins，2003）。这与慈善机构规模小、慈善尚未成为一种价值观、政府主导慈善业发展（Bies & Kennedy，2019），以及慈善业发展所需的制度体系（尤其是税收制度）不完善（陈成文、谭娟，2007）密切相关。我国慈善业的健康发展，亟须借鉴发达国家的先进经验。

《美国慈善史》一书所揭示的美国慈善业的繁荣基础，为我国慈善业发展提供了一定的借鉴。从总体上看，我国慈善业发展一方面需要强化内在动机，另一方面需要加大政府支持力度。

首先，需要明确慈善业的根本目标。美国慈善业有着强大的内在发展动机，慈善家、改革者和大众都以改变世界为己任，认为慈善不仅是捐赠，而且是一种投资。换言之，美国的慈善并非只是富人救助有难之人，而是所有人，不管贫富，都在为他们的未来投资。相比较而言，我国的慈善活动主要服务于扶贫济困等短期目标，缺乏长远关

---

① 《中国慈善联合会发布〈2018 年度中国慈善捐助报告〉，2018 年全国接收捐赠 1624.15 亿元》，http://www.gongyishibao.com/html/yaowen/17358.html，最后访问日期：2019 年 10 月 2 日。

怀，未能在帮助他人解决困难的同时，追求消除引起困难的症结和倡导制度创新。因而，慈善业需要强化内在动机，将慈善与国家进步、人的全面发展结合起来，整合私人慈善与政府慈善的价值和目标。在这一过程中，慈善家和改革者需要发挥带头和示范作用，以身作则，引领慈善新文化。

其次，政府需要加大对慈善业的支持。一是进一步完善慈善捐赠税收政策。税收优惠是美国慈善业繁荣发展的重要原因，我国虽然也存在对慈善捐赠所得税减免和捐赠税前扣除政策，但目前能够享受免税资格的非营利组织不到总数的1/3，获得捐赠税前扣除资格的组织不到总数的1%。这与税收优惠政策的门槛过高、申请程序烦琐有较大关系。促进我国慈善业发展，需要进一步完善税收优惠政策、简化申报程序，充分发挥税收政策的调节作用。二是加大对非营利部门的财政资助。我国已经初步建立了政府与非营利部门的合作伙伴关系，但从总体上看，非营利部门尤其是民间慈善机构的参与还不充分，政府资助在非营利部门收入中占比相对较低。在未来的发展中，政府需要扩大资助范围、加大资助力度，加强持续性购买服务，以推动政府慈善与民间慈善携手共进。

再次，需要促进慈善机构间的合作与联合。合作解决社会问题、提供社会服务，联合行动、共同发声，是美国慈善机构提升能力、保持部门独立性的重要选择。我国慈善机构虽然功能各异，但都以"慈善"为目的，因而有着大量的共通性，存在合作和联合的条件。近年来，一些慈善机构已经开始尝试项目合作，部分基金会的联合行动也引人注目。这种合作与联合在新时期应成为一种大趋势，慈善机构需要提高认识，加强沟通和合作，加强行业自律；政府也需要出台相应政策，鼓励慈善机构联合，允许它们建立自律联盟等联合性组织。

最后，需要推进海外慈善业发展。国际慈善形象对一国慈善业的发展具有明显的激励作用。美国一直致力于塑造自己的国际慈善形象，用于对外援助的捐赠金额持续上升。2018年，美国捐赠款的5%用于国际事务，比上一年增长了 9.6% 。近年来，我国的海外慈善业发展较快，在 "一带一路" 倡议的引领下，越来越多的慈善机构走出国门，在海外开展慈善项目（Deng，2019）。尽管如此，相比美国，我国的海外慈善业还处于发展初期，影响力较弱，公众的知晓度不高。在未来的发展中，需要高度重视海外慈善在我国慈善业发展中的地位，将海外慈善与国家对外战略结合起来，为非营利部门提供一定的对外援助资金，充分发挥海外慈善业在提升我国国际形象、促进整体慈善业发展中的作用。

【参考文献】

奥利维尔·聪茨，2016，《美国慈善史》，杨敏译，上海财经大学出版社。

陈成文、谭娟，2007，《税收政策与慈善事业：美国经验及其启示》，《湖南师范大学社会科学学报》第 6 期，第 77～82 页。

贾西津，2015，《美国的非营利组织》，《学习时报》08 月 27 日。

刘芳，2008，《美国富豪慈善行为研究》，《社会保障研究》第 2 卷，第 183～194 页。

檀结庆，2018，《推进落实慈善组织税收优惠政策》，《公益时报》3 月 20 日。

王名，2002，《非营利组织管理概论》，中国人民大学出版社。

姚俭建、Collins，2003，《美国慈善事业的现状分析：一种比较视角》，《上海交通大学学报》（哲学社会科学版）第 1 期，第 13～18 页。

张楠、王名，2018，《公益 4.0：中国公益慈善的区块链时代》，《中国非营利评论》第 2 卷，社会科学文献出版社，第 79～94 页。

郑远长，2008，《汶川地震社会捐赠工作对发展我国现代慈善事业的启示》，《中国非营利评论》第 2 卷，社会科学文献出版社，第 130～142 页。

Bies, A. & Kennedy, S. 2019. "The State and the State of the Art on Philanthropy in China." *Voluntas*: *International Journal of Voluntary and Nonprofit Organizations*, 30 (4), 619-633.

Deng, G. 2019. "Trends in Overseas Philanthropy by Chinese Foundations." *Volun-*

tas：*International Journal of Voluntary and Nonprofit Organizations*，30（4），678 – 691.

Harvard Kennedy School Ash Center for Democratic Governance and Innovation. 2015. *China's Most Generous 2015*. Cambridge，MA：Harvard Kennedy Ash Center.

访谈录

INTERVIEWS

中国第三部门研究　第18卷
第139~148页
© SSAP，2019

以大猫之名，守护山水自然

——访重庆江北飞地猫盟生态科普保护中心主任宋大昭

侯彩虹

访谈时间： 2019 年 7 月 2 日　下午 2∶30—4∶30

访谈地点： 北京中国猫科动物保护联盟办公室

被访者： 宋大昭（重庆江北飞地猫盟生态科普保护中心主任）

访谈人： 侯彩虹（上海交通大学国际与公共事务学院博士生）

【重庆江北飞地猫盟生态科普保护中心简介】

重庆江北飞地猫盟生态科普保护中心，是一家以保护中国本土野生猫科动物为目标的民间非营利组织，2011 年成立于北京，2017 年在重庆注册为民非组织（NGO），倡导和提供科学的保育方案，积极与林业部门及其他环保机构或个人合作以推进本地化的野生动物保护。

组织使命是以科学为基础，实施监测、研究和实地保护，评估中国猫科动物现状，增强社会对猫科动物的保护意识，推进中国本土野生猫科动物及栖息地的保护。组织拥有专业的野外调查能力和丰富的社区工作经验，近年来已成功将这些经验用于中国一些濒危猫科动物的发现和保护工作。目前拥有 7 名正式员工，在三个主要项目地拥有十多名固定志愿者，并在全国拥有一支超过 50 人的志愿者队伍。

【人物简介】

宋大昭，男，重庆江北飞地猫盟生态科普保护中心主任，民间动物保护组织"中国猫科动物保护联盟"创始人，豹项目负责人。参与过三北猫科大规模红外相机调查活动，较早拿到了华北豹野外监测数据。带领机构获评 2015 年第十届中国户外金犀牛奖"最佳公益环保精神奖"、2018 年"阿拉善 SEE 生态奖"、2019 年"WCS 生态卫士奖"等。

侯彩虹：宋老师您好！非常荣幸能代表上海交通大学中国公益发展研究院院长徐家良教授主编的《中国第三部门研究》集刊对您进行访谈，感谢您在百忙之中抽出时间来介绍重庆江北飞地猫盟生态科普保护中心的相关情况。我们希望能够重点了解贵组织的缘起、成长和发展三个方面的内容。

据说您当初是从一个发展得欣欣向荣的互联网公司，转身进入这个看起来算不上"正当行业"的领域，是什么触动了您？

宋大昭：2008 年的时候我在一个互联网公司上班。那时候我觉得自己的工作非常无聊，每天做做 PPT、开开会，大家提个案，很累。我觉得做的这些事情毫无意义。不管对别人还是对自己来说，我不知道我做这些到底是为了什么。

我当时每天最大的乐趣就是在上班的路上看鸟，因为我上班会经过一片荒地。那片荒地有很多鸟，夏天可以看各种水鸟，迁徙季有很多候鸟经过那里，冬天的时候还可以看猛禽。有一天，我在网上认识了老王，他的全名叫王卜平，是中国最早开始以民间身份保护华北豹的人之一。2008 年的"五一"，我作为一个志愿者跑到山西，跟着他的弟兄们一起进山。他们教会我很多东西，在山里怎么找到豹子的足迹，怎么看各种动物留下来的痕迹，等等。

虽然我之前就喜欢户外，经常往山里跑，但是那次跟他们去过之后，整个山林在我眼中完全不一样了。我换了一个视角，这个世界对我来说一下子就变了。山还是那个山，但我已经不是那个我了。这就是真正触动我的，我意识到我发现了一个全新的世界。

侯彩虹：与老王同进山林之后，您就立志做野生动物保护的工作了吗？

宋大昭：还没有坚定地离职而完全地从事野生动物保护工作。不过，从那以后我经常去野外，一到节假日我就跟着老王他们往山里跑。但我又不能像他们一样整天在山里待着，我有日常的工作。于是我开始写博客为他们做宣传。我写了很多有关山林的东西，很多人通过我的博客了解到山西有人在保护华北豹。很多人点赞，很多人支持我。在这么多人的支持下，我觉得这个事好像比我干的工作更有意义。于是我面临一个选择：向左是冒险，去做野生动物保护（工作）；向右是投降，继续上班，把野生动物保护这个事情当作玩。我后来想了一想，觉得还是听从内心的召唤，也没有经过深思熟虑，就决定去做野生动物保护（工作）了。2012 年底，我彻底辞职，2013 年开始了一种新的活法。

侯彩虹：您是怎样开始这种新活法的呢？

宋大昭：2013 年，我们组建了一个团队，开始到外面去募款，为的是支持我们做野生动物的保护（工作）。我们想把野生动物保护作为一个正当的职业、一项事业来推动，而不是实现理想过程中的小打小闹，所以我们按照很正规的方式去注册公司，把我们所要做的事情梳理清楚，找钱把这些事情做下去。2013 年还比较顺利，但是到 2014 年，我们发现连发工资这件事情都是一个相当大的挑战，做野生动物保护这件事情（工作）是不产生任何经济利益的。我们做不到把一个业务从零开始慢慢做起来、做大，然后走上一个营利的轨道。2013 年我们做了几个项目还不错，但是到了 2014 年我们又要从零开始，一笔钱花完了，那么下一笔钱到底在哪里？保护动物这项事业是真的很难积累到钱。

侯彩虹：所以做野生动物保护工作只靠激情和热情这些是远远不够的，那您接下来是怎样继续做野生动物保护这件事的？

宋大昭：对，只有激情和热情是不行的，资金当时成了最大的问题。曾经我觉得我们做的事情非常有意义、有价值，拉到社会赞助应该不是件很难的事。2013 年，我们也确实申请到了一些有资助的项目，包括给生态保护部门去做一些生态调查等，我们以为这样做是可以维系下去的。但是后来发现，野生动物保护不是一件商业的事情，我们需要大量的时间和精力花在野外，实地做野生动物保护，没有多少时间去想如何赚钱，这样就不能走上一个健康的商业循环的路线。那时候，我们已经举步维艰。

生活困难还能忍，但当我们开始做生态赔偿——给豹子袭击农民的牛这件事情买单的时候，我们就发现处处都要花钱，而且这笔开销比我们之前预计的要多得多。我们开始只是在两三百平方公里的地方来做这个事情，而真正需要做生态赔偿的地方远远不止两三百平方公里，我们能为豹子所做的事情究竟有多少呢？很多时候感到力不从心。车要烧油、要修，人员要有补助，要买装备，相机要换电池，还要买更多的相机，这都是钱，但是钱到底在哪儿？

搞野生动物保护其实是一个非常花钱的事，而且它得到的效益也就是生态环境效益或者说社会效益，很难反映到人的身上，当我们不去说的时候，不太有人看得懂你们到底在干吗。到 2015 年的时候，这个事有点儿做不下去了。

侯彩虹：那时候您一定是心急如焚吧，一边是自己追求的事业，另一边是缺乏资金的困境。那什么时候出现的转机呢？

宋大昭：也是 2015 年。那一年我们加入劲草①。我要特别感谢一下

---

① 劲草同行项目（以下简称劲草）是阿拉善 SEE 基金会在 2012 年 12 月发起的资助项目，由浙江敦和慈善基金会、南都公益基金会和深圳市红树林湿地保护基金会参与资助，合一绿学院共同执行。

劲草的导师们。2015 年底，我的导师陈志忠拉着我开会，在会上，我说了很多我们的烦恼，为什么我们这么使劲却没有人支持我们，等等。当时有一个企业家跟我们说："你们说的东西我们听不懂，但看起来你们做的事情很专业。生态补偿这个事情你们先停一停，先去做一些机构发展的事情。"

2016 年，我们就把策略的重点放到了传播和品牌。一开始我们是舍不得花钱招人的，我们会觉得，保护动物的一分钱都要掰成两半花，我们自己都不拿工资，还要花钱请一个人来帮我们做传播，做品牌，不是浪费吗？但在策略的调整下，我们还是花钱请了专职的传播筹款人员。

当我们真正改变了策略，把一条腿的步子停下来，再把另一条腿迈出去的时候，路就宽起来了，转机也就出现了。2016 年，我们第 一 次发动公共筹款，3 天筹了 10 万块钱。我知道以前有很多人对我们的事情感兴趣，很多人表示支持我们，但是我从来没有想到会有这么多人，真金白银地支持我们。这个对我触动很大，说明我们做的这个事情真的是有价值的。

侯彩虹： 那现在咱们组织的资金来源主要是哪些？

宋大昭： 现在我们的资金主要通过三种渠道获得：通过互联网和社交媒体自筹资金、基金会项目资助、保护产品/服务开发与销售。目前我们与阿拉善 SEE 基金会、嘉道理中国保育（KCC）、山水自然保护中心、美国国家地理等环保机构建立了长期的合作关系。

侯彩虹： 真是个曲折的过程，资金到位之后，组织是怎样推进和开展野生动物的保护工作的呢？

宋大昭： 我们是以项目地的模式来推进野生动物保护的。现有的项目地包括山西晋中、四川甘孜新龙、云南西双版纳和北京周边。我们与北大、北师大等高校和相关研究机构合作，对野生动物科学调查进行指导，以实现对其的科学保护。

侯彩虹： 请问咱们组织具体保护哪些野生动物？

宋大昭：我们的保护对象主要是中国本土的野生猫科动物。中国有 12 种野生猫科动物：虎、豹、雪豹、云豹、猞猁、亚洲金猫、豹猫、云猫、亚洲野猫、丛林猫、兔狲、荒漠猫。就我们的发现来说，华北有两种、川西有 7 种、藏东南有 7 种，还有云南有 6~7 种。

侯彩虹：对这些野生猫科动物，组织都有怎样的具体保护措施？

宋大昭：具体的保护措施包括生态赔偿、生态扶贫、护林防火、巡护反盗猎、社区宣教等。

侯彩虹：咱们组织现行的项目有几个？

宋大昭：现行项目主要包括：带华北豹回家、小五台山羊圈大桥湿地保护、山西华北豹保护、甘孜豹与雪豹同域调查与保护、云南边境野生猫科保护。我们重点全力推进三个项目地的保护工作：山西豹保护项目、四川甘孜豹－雪豹种群及栖息地保护项目和云南西双版纳中老边境生态保护项目，并在全国积极推动野生猫科动物探索发现活动。

侯彩虹："带华北豹回家"是你们做得很响的活动，为什么选择"华北豹"作为旗舰项目？

宋大昭：在中国，豹子有四个亚种，分别是华北亚种、印度亚种、印支亚种和东北亚种。其中，华北亚种与华南虎一样，是仅生活于中国的特有亚种，华北豹在国际上又称中国豹。它或许是最不为人知的一种豹，有关华北豹的野外科学研究极少，其保护工作也并未得到充分的重视。大家可能对华北豹没有什么意识。举例来说，我们常说需要保护的大熊猫，中国大概有 3000 多只。我们说很濒危、需要保护的雪豹，中国大概有五六千只。但是没有人知道中国的华北豹有多少只，事实上 1000 只都是一个非常乐观的估计。当我们跟当地人说我们在做华北豹保护的时候，当地人都会问："我们这儿还有豹子？"华北豹当时就面临着这样的情况。

华北豹的保护可谓意义重大，可以分为两个方面：生态价值和社会价值。豹作为一种大型旗舰物种，其存在代表着高质量的环境和极高的生态价值。而华北豹代表着华北最后的完整的森林生态系统，物种的保护将带动整个森林的保护，是华北自然环境修复的可操作的着手点。长期以来华北地区的原生态环境一直被忽视，其实华北地区尚存有完整的山地生态环境。随着中国环境保护意识的迅速增强以及国家政策对环境保护的倾斜，华北豹必然会成为继虎、雪豹、远东豹之后一个新的保护热点，并由此带动华北地区的环保新局面。

侯彩虹：对华北豹的保护面临什么挑战呢？

宋大昭：目前，华北豹的保护现在面临着三大挑战。首先是过度开发。对华北豹现存或潜在栖息地进行的不当开发以及迅速扩张的公路建设使华北豹的栖息地急剧缩减，相互隔绝，是华北豹种群"孤岛化"的最大威胁。其次是非法盗猎。由于野生动物消费（皮毛制品及口腹之欲）、狩猎而起的非法盗猎直接威胁到华北豹及其猎物的生存。非法盗猎的形式包括电击、猎套、猎夹、地枪、歼灭性围猎、网捕等。最后就是人兽冲突。豹吃家畜是导致村民与豹发生冲突的主要诱因，因吃牛而被毒杀或猎杀是华北豹的直接致危因素，还有就是村民因防止野猪吃庄稼而采取的猎杀行为也会对华北豹造成生存威胁。

侯彩虹："带华北豹回家"，其中"家"具体指哪里呢？

宋大昭：华北豹这个中国特有豹亚种的模式标本采自19世纪的北京。对于有北京户口的华北豹来说，北京是它的家。

而从生境的角度看，太行山脉和燕山山脉是一个连续完整的华北豹栖息地。豹会沿着山脉扩散、建立领地，两山交汇的北京拥有超过10000平方公里的山地面积，是它们的重要家园。

过去，河北、山西的华北豹可以沿着太行山脉一路进京，也可以一路南下进入河南乃至陕西秦岭。但是，近50年来，这条天然的扩散之路不再畅通。公路切断山脉，村庄和农田蚕食山林，栖息地面积缩减，兽夹、电网、钢丝套屡禁不绝，野猪、狍子等猎物也随之减少；华北豹的扩散空间越来越有限，过去完整的种群逐渐"孤岛化"，残存的个体只能走向消亡。2005年后，北京就再也没发现过华北豹的身影。

对华北豹保护的最终目标就是使已知的华北豹种群进一步稳定扩

大，让华北豹的栖息地重新连接成片，使豹重新沿着太行山脉遍布山林，让华北的山地重现豹的生机。带豹回家，让消失的华北豹重新回到北京，修复扩散廊道，唤醒人们对身边荒野的关注和守护的热情，让人与自然学会和谐共处，让太行山脉重新焕发生机，长出灵魂。一言以蔽之，就是以豹之名，修复华北的荒野与人心。

侯彩虹：推行这个旗舰项目过程中有没有遇到什么困难？

宋大昭：总结来说，我们推进"带华北豹回家"项目，可分为三个阶段。一是找到豹子。主要采用红外相机野外调查的方法，调查太行山北段华北豹的分布现状。二是找到归路。对太行山北段进行预设扩散廊道的走访调查，收集线索，评估当地生物多样性，并根据实际情况修正廊道路线，勾画华北豹种群扩散的廊道。三是带豹回家。利用猫科动物的扩散天性，让豹在自然状态下借助畅通的生态廊道扩散回京。

2015 年，在当地政府及林业部门的支持下，我们在和顺县马坊乡建立了本地化的办公室，以便更好推进华北豹的保护工作。经过我们组织协调和管理，建立了本地化决策 - 执行网络，进行本地化保护。我们组织协调了多层级行政部门之间的合作，包括县级政府、乡镇政府、林业部门和其他决策者，执行相关的保护行动和法律。同时，在北京师范大学相关部门的支持下，华北豹保护项目着眼于华北豹的生态学研究，如豹的种群、捕食、栖息地、行为等。这些基础的生态学研究将让我们更加科学地了解华北豹，并指导我们对其进行有效的保护。此外，我们还动员社区参与保护，为缓解人豹冲突而成立了专项资金和"老豹子"野外巡护队。

前两个阶段的目标并不难，一两年就能实现。然而第三个阶段的过程却非常难，因为我们不能干预自然规律，必须让豹在自然状态下扩散回京才算成功，以监测到母豹在北京繁殖成功为标志。这一阶段也许需要 10 年，也许需要 50 年，也许更久。我们已经和华北豹打了 10 年交道，不在乎把这场交往持续一生。因此，这个项目不设截止时间。

侯彩虹：那咱们这个旗舰项目到目前为止取得了怎样的成果呢？

宋大昭：说到成果嘛，通过"带华北豹回家"我们形成了我们专有的一套野生动物保护路径，即：第一步，红外相机长期科学监测；第二步，了解保护物种的现状和生存困境；第三步，组建在地巡护队；第四步，解决最紧迫的保护问题。

现在，我们已经在山西项目区超过 220 平方公里的范围内利用相机陷阱技术对豹种群进行了评估。根据标记－重捕模型计算分析后的数据表明，在研究区域内的华北豹达到惊人的 16 只个体，其中包括至少 4 只定居雌豹个体。这一数据表明，太行山的豹种群有很大的恢复潜力和空间。

通过我们的保护和所做的生态补偿，华北豹的繁殖成功率相当高。这几年经常可以看到两只小豹子、三只小豹子都长大了。它们现在生活得也非常好，而我们的机构本身也在发展。除了山西这一个项目地，我们现在把保护的范围扩大到了四川甘孜州，还有云南西双版纳中老边境的地方，保护的物种也拓展到雪豹、云豹，我们每个团队的成员也在这当中获得了极大的满足。

侯彩虹：恭喜您和团队保护华北豹所取得的成绩。刚才您提到"老豹子"和"人豹冲突专项资金"，能具体说说吗？

宋大昭："老豹子"来源于当地对华北豹的俗称。"老豹子"野外巡护队队员全部由当地村民组成，每周都会进山巡护，预防盗猎并监控林区安全，其巡逻面积目前已超过 300 平方公里。

"人豹冲突专项资金"是我们对项目地的人豹冲突建立的迅速反应机制中的一项专用资金，主要用于豹子捕猎家畜而造成的事故核查与专项补偿。豹子捕猎家畜是当地人豹冲突中最典型的形式。在项目地，每年有超过 6000 头家畜在林区畜牧散养，根据统计，每年在项目地会有 40～60 头牛被豹咬死或吃掉，损失为 50 万～100 万元人民币。在过去，这会导致农民对豹子采取毒杀的报复举动。但现在我们对此采取及时的补偿政策，对农民的损失进行补偿并加强宣传，让他们在牛群的繁殖高峰期加强防御以避免损失。经过两年的实践，目前已经成功地推动了政府接手该项生态补偿工作。

侯彩虹：感谢您和团队为修复生态所做的努力，作为我们普通民众应该如何做点事情以为野生动物的保护贡献力量呢？

宋大昭：作为保护野生动物的日常，我们提倡公众不消费野生动物及其制品，拒绝野味，山区行车时注意避让，不要惊扰野生动物，还有就是文明生态游。大家都可以贡献一份力量，我们在腾讯公益发起了募捐，期待每一个人对野生动物保护、对生态环境保护予以关注。

侯彩虹：感谢您的倡议。请问您对组织未来发展有怎样的期望呢？

宋大昭：从长远的发展来说，我们最需要的是有公益经营能力的人来加盟我们，帮我们把这项事业宣传出去，找到让社会一直关注的模式和方式。这才是我们这个事业长远发展的可持续之道。

我看到过一个朋友的 QQ 签名这么说："有些事情你现在不去做，以后就再也不会去做了。"我也在想，我到底想成为一个什么样的人。当你鼓起勇气走出来，真正去过一种你想要的生活，成为你想要成为的人的时候，你会发现这个世界非常广阔，不但会有很多人走出来陪着你走，而且会有千千万万的人在背后支持你。

中国第三部门研究　第 18 卷
第 149～160 页
© SSAP，2019

社会创新助力贫困妇女可持续发展

——专访西乡县妇女发展协会创始人秦秀平

黄奕雄

访谈时间：2018 年 7 月 12 日　15：00－17：00
访谈地点：陕西省汉中市西乡县北大街 6 号楼 3 层
　　　　　西乡县妇女发展协会办公室
被访者：秦秀平（西乡县妇女发展协会创始人）
访谈人：黄奕雄（上海交通大学国际与公共事务学院博士生）

【西乡县妇女发展协会简介】

西乡县妇女发展协会（以下简称"协会"），2005 年成立并在西乡县民政局登记注册，是陕西南部唯一一家支持妇女发展的小额信贷公益机构。在国内公益小额信贷处于低谷期时，协会通过多年实践经验建立了"综合培训""资金支持""公益助学"三位一体的公益模式，逐步走向永续发展。借助小额信贷这一金融创新手段与严格的管理制度流程，协会助力当地脱贫攻坚并促进妇女发展，产生了巨大的经济和社会效益，成为国内扶贫领域社会组织中的佼佼者。该机构多次获得国内外社会公益及创新的奖项，包括南都优秀社会企业奖、社会企业家技能项目增爱社会企业创投奖和社会企业家佳能项目帝亚吉欧梦想助力计划奖等，并成为新湖育影响力投资伙伴。其创始人秦秀平也获得了中国农村金融品牌价值榜品牌创新人物奖和"最美金牌讲师"等称号。

【人物简介】

秦秀平，女，西乡县妇女发展协会创办人，曾任职于西乡县卫生计生部门和妇女联合会，曾任妇女联合会主任。近 40 年来，她始终与基层妇女密切交流。她于 50 岁之际创办了西乡县妇女发展协会，希望为贫困乡村女性的生活提供一个支点，帮助她们改善生存条件、提高生活质量、实现自我价值。在她的努力下，西乡县妇女发展协会形成了"慈善 + 小额信贷"的业务模式，成为国内少数几家具有财务可持续、运营可持续和管理可持续等特征的公益性小额信贷组织。她曾获得包括中国农村金融品牌价值榜品牌创新人物、2015 年中国小额信贷杰出贡献奖和"最美金牌讲师"等荣誉称号。她的故事也被包括《人民日报》在内的多家海内外媒体报道。

黄奕雄：秦主席，您好！感谢您接受《中国第三部门研究》集刊的访谈。协会自成立以来通过小额信贷服务和社区教育，显著地提升了当地贫困妇女的生活水平并促进了其自我意识的觉醒，推动了家庭与社区的共同发展。我们很期待从您这里了解更多关于机构的故事。您能介绍一下协会成立的缘起吗？

秦秀平：我们协会成立于 2005 年，在西乡县民政局进行了注册。成立背景与我自己的职业有关。我先后在卫生系统和妇联工作，同农村女性接触较多。在这个过程中，我体会到农村女性的生活质量很低，状态也比较差，主要体现在四个方面。第一，财务依赖丈夫造成其家庭地位低。第二，有闯一闯想法的女性受到较多的社会和制度的约束与歧视，例如农村信用社不给女性贷款。这与传统思想有关。第三，村务管理缺乏女性身影。当然，女性本身的积极性和参与度也不高，这又与他们缺乏教育和培训的机会有关。第四，农村女性精神文化生活匮乏，即使有兴趣、爱好也没有可以施展的平台。所以，我当时就在想怎么能让农村女性可以活得和我们一样开心、有自尊和自信。我就说成立一个做公益的组织，专门为农村贫困女性提供综合服务吧。协会成立时妇联提供了 5000 元经费，我自己拿了 3 万元。后来，英国的"国际计划"为我们提供了 15 万元的启动资金，用于帮助农村妇女养牛养羊。2005～2007 年，我们逐渐从贷款余额 30 万元发展到了 115 万元。2008 年末，我们终于实现了收支平衡且略有盈余。截至 2017 年底，我们的贷款规模为 3400 万元，累计服务 21000 多户。协会能够走到今天这一步非常不容易。

黄奕雄：您可以介绍下协会目前的组织架构吗？

秦秀平：你现在所在的地方是协会的总部。协会下设了综合发展部、财务部、农村综合发展部、风控部和办公室等。总部基本上都是支持类工作。一线业务员都在县城外。县城外共有 9 个营业点，其中 4 个是正式营业点，也就是有固定的办公室。其他的 5 个随着业务发展后期也会变为正式的营业点。

黄奕雄：协会主要的业务有哪些？

秦秀平：协会的主要业务有三块。第一就是根据妇女的需求和生活现状，为他们提供专业的农业知识、家庭关系等方面的培训以及通过艺术让女性生活更加丰富。第二就是通过小额信贷帮助妇女和家庭改善生活、脱贫，以及提高女性的社会地位。第三就是留守儿童和事实孤儿的心理健康教育。简单来说，我将这三个部分称为三个支柱，因为三个业务相互支持，共同发展。

黄奕雄：这样看来，协会的业务不仅有小额信贷，还包括对女性的培训以及儿童保障的工作。您能介绍下协会不同业务设置的初衷是什么吗？

秦秀平：协会业务的设置主要源于底层贫困妇女的需求，也是对政府工作涉及不到的地方做的补充。例如，政府也会做培训，但是既不持续，覆盖范围又很小，很难帮助到底层的妇女。我们通过信贷员的走访逐渐了解农村妇女的具体需求。例如，如果她们希望学习养猪知识，那我们就到县畜牧局专门邀请老师去讲，费用我们承担。每年四月到十月间，我们以村民小组为单位开展培训，以培训妇女为主，但欢迎男女老少都参加。经过这十几年的积累，我们的培训也形成了体系，覆盖的内容不仅包括畜牧业和种植业等技术知识，甚至还包括如何处理夫妻关系、婆媳关系及科学育儿的内容，很受欢迎。除此以外，当地还有赌博的现象。我们发现丰富妇女的文化生活可以让她们远离赌博。于是，就专门聘请老师在村中培养文艺骨干，从而起到一带十、十带百的作用。文化内容主要包括大合唱和跳舞等。后来，我们还为农村女性提供了才艺展示平台，连续在县城举办了四届"新农村、新妇女展示会演"。一个妇女参与表演，全家甚至全村都会跟来看。她们的家人也能感觉到女性身上的巨大改变。总体来看，无论是技术培训、家庭培训，还是文艺培训，主要目的还是提升妇女自身素质，让她们认可自己，让社会认可妇女。

黄奕雄：您能介绍下当前协会小额信贷的具体情况吗？

秦秀平：好的。我们目前主要有四种类型的贷款：农业创收贷款、集镇创业贷款、教育贷款和应急贷款。教育贷款就包括了孩子考上大学需要几千块的学费，而应急贷款可能是家庭遇突发事件急需资金。这两种贷款的风险评估标准与其他两种产品是一致的。不同产品类型可以选择不同还款方式，例如每月、每个季度或者半年还一次。由于我们是小额贷款，所以 2/3 的单笔贷款都在 3 万元及以下，3 万元以上的不到 1/3。而贷款 3 万元以上的都是十年来持续贷款且信用良好的老客户。如果申请的贷款高于 6 万元，这个时候我们就无法提供服务了，她们需要去银行申请。协会刚成立时，我们的单笔贷款是 500 元或者 1000 元这样的。不到农村不知道这些家庭有多穷困。记得当时一个妇女的第一笔贷款是 500 元修一个猪圈，这么多年过去了，她现在在我们这里可以每次贷款 3000 元。第一次去她们家的时候，她们家用的还是煤油灯，没有电，我们帮她通了电。还有个妇女住的地方离娘家只有 2 个小时车程，但结婚 20 年都没有回去过。问她为什么，她说回去没衣服穿，家里有小孩还要买点东西吧，自己没有钱。之后在我们这儿贷款 2000 元给女儿上学用，然后去采茶和卖山核桃来还款。这些年来，我们也能真切感受到她们自己和家庭一点一点地变化。

黄奕雄：您刚才提到了协会的三个业务相互支持，那么怎么理解以上工作对其他业务的支持呢？

秦秀平：刚才提到的对于妇女的业务技能、家庭、文化培训等内容，以及我们对留守儿童和事实孤儿的看护，均属于慈善的部分。而第二部分的小额贷款属于我们的核心业务。通过慈善项目，妇女们逐渐了解到协会是一个可以帮助她们提高素质的地方。而当个人素质提升后，也总要提高家庭经济收入吧。这个时候，我们就可以提供贷款，用于提高她们的家庭收入。我们在项目运营中发现，农村有很多留守儿童和事实孤儿，还有单亲家庭的情况。这些孩子在民政上并不属于孤儿，但仍然面临许多问题，所以我们就把他们管起来。我们最早从 2007 年开始资助一些儿童，资助的目的不是给他们一点钱，而是要有人去关爱他们，让他们感受到社会的温暖。那些因为家庭变故而性格发生转变的孩子是我们的重点关注对象。我们也一直在思考如何陪伴困境儿童健康成长。所以，从 2015 年开始，协会建立了义工团队。从 900 多名困境儿童中选出了 60 名特别困难的，义工每周与孩子们接触，让他们感受到与志愿者接触的温暖。接触交流中还包含了一起做饭改善生活、陪伴做作业、给孩子洗澡，以及带他们参加集体活动等，以促进感情交流。所以，当我们把公益做好的时候，自然而然就可以在农村妇女中树立口碑。当她们有需求的时候，就会主动来找我们。

黄奕雄：那你们做公益的资金主要来源于哪里？

秦秀平：我们现在的公益支出基本来自每年的小贷收入。2008 年后，协会收入已经大于支出，所以有了自己的盈余。儿童关爱项目早期的时候主要是寻求外部的资助。我记得 2007 年，天津的一家银行提供了第一笔资金，支持西部儿童的教育与发展。当时用这笔资金资助了 40 个困境儿童。

黄奕雄：您认为协会发展中最为关键的要素是什么？

秦秀平：协会成立初期最主要的问题是缺乏资金。除了给贫困妇女提供小额贷款外，我们协会也需要日常的运营经费。政府资助并不具有持久性。我们需要自力更生寻找支持。在这一过程中，"国际计划"考虑到协会发展的持久性，决定为我们提供一系列支持。他们刚开始给予我们 70% 的薪酬补贴，后续随着我们的发展，补贴水平逐渐降低到 50%。除此以外，还承担了我们办公设施以及前三年的人力资源和技术指导培训的费用。到 2008 年底，协会盈余稳定后，"国际计划"也就退出了，不再提供额外支持。如果没有他们的支持，那协会真的发展不起来。当然，我们现在所在的办公用房是西乡县政府无偿提供的，也是因为政府很重视我们取得的成绩，给予了支持。

黄奕雄：您认为协会当前面临的最大挑战是什么？

秦秀平：我认为协会发展中最大的挑战依然是缺乏资金。刚才也提到了我们目前的贷款余额是 3000 多万元，但其中有 2000 多万元属于借款，其他部分是我们的自有资金。我们最辉煌的时候有 30 多个基金会与我们合作，它们都是 10 万、20 万元地借给我们。现在借款也非常不容易。像我们这样的公益小贷机构原先全国有三百多家，运营到现在不到一百家。

黄奕雄：那一般向基金会借款的流程是怎样的？你们需要支付利息吗？

秦秀平：有时我们主动寻找合作机构，有时基金会主动找我们。我们需要填写招标书，按照它们的要求申请借款。后续会有专家评估做尽职调查，包括审查我们的财务和客户信息，然后通知我们去答辩。如果一切顺利，最后需要签合同。合同一般都是一年的。合同结束后如果还需要借款，我们就要再次申请走流程。按我们当前的规模，每年不停地向多个机构借钱，融资工作相当难。另外，大多数的基金会借款不一定能够持续下去。有些一年结束后就不能再借了。我们现在有几家长期合作的，例如深德公益、宜农贷，还有陕西省妇女儿童基金会可以常年借款给我们。只要是外部的借款，都需要给对方支付管理费。管理费金额都在借款合同中明确，目前的管理费为3%～7%。

黄奕雄：所以您刚才提到的缺乏资金主要指的是目前的3000万元的贷款余额还不能满足西乡县贫困妇女借贷的需求？

秦秀平：对。西乡共有15个镇，协会目前仅覆盖了9个。我们每天都要列一个放款计划，主要原因就是客户太多，一直在排队，我们的资金无法满足她们的要求。据我们估算，如果要完全满足西乡县这9个镇的公益性小额贷款，我们还需要3000万元才可以。协会已经家喻户晓，所以老百姓会主动来找我们。很多周边区县也一直在等我们的业务能够覆盖它们的区域，但我们不敢扩张。

黄奕雄：那有想过解决办法吗？

秦秀平：有的。我们资金困难的主要原因还是协会性质。协会是一个社会组织，主管单位是妇联。我们并非金融组织，所以不具备融资的资格。从2014年开始，我们就着手与省市县的金融办沟通，希望解决我们资质的问题。因为我们资金来源具有不稳定性，如果不稳定了，那我的员工和客户怎么办？所以就在想能不能把协会转成公司。不过，由于国家三令五申地发文要求整顿和减少小贷公司数量，目前还属于整顿期，我们的申请还没获批准。现在能做的就只有等待。

黄奕雄：您刚才也提到了，农村妇女本身会受到很多社会歧视。例如其他金融机构不给贷款的一个原因是认为妇女不当家，所以妇女也不值得"信赖"。协会与其他金融机构在贷款上的区别是什么？

秦秀平：如果在金融机构贷款，它们有不成文的规定："贷男不贷女、贷大不贷小、贷富不贷穷"。我们正好与它们相反，我们主要面向农村贫困妇女发放小额贷款。从数据上看，13年来我们的还款率基本达到了 100%，由此可见女性本身是值得信赖的。早期我们去农村定好时间收钱，我们还没到，她们就打电话过来问我们怎么还没来。所以，只要我们把政策宣传到位，妇女还款的时候也很有成就感。

黄奕雄： 这也从另一方面说明协会在风险管控方面做得很好。协会在风险管控方面有什么特色？

秦秀平： 协会刚成立时，学习的是格莱珉银行的"小组联保模式"。后来我也去过两次孟加拉国。2010 年去后发现，它们也在改进小组联保，因为风险太高。我们自己在业务实践中也发现小组联保从执行的角度存在困难。一是收款难，二是可能造成客户人数上升但贷款规模变小的情况。随后我们率先对原有模式进行了变革，采用了个人信用担保模式。个人信用担保比较简单。一般而言，妇女可以找公务员、事业单位员工、医生、护士、村上干部、亲朋好友作担保。然后我们再进行上门考察。考察内容主要是担保人是否具有固定的收入来源。

黄奕雄： 从实践来看，新模式是否影响了还款率？

秦秀平： 没有影响。反而让协会的账目更加清晰了。最早是手工记账，账本丢了就麻烦。现在比较方便，贷款和放款都进系统，并通过电子银行操作。以前下乡放贷都是带现金。风险管控我们也在及时学习改进。协会刚成立的时候只有信贷部和财务部。随着规模扩大和规范化的管理，我们内部的组织建设也更加完善。现在新增了风控部和公益部，有专职人员管理。

黄奕雄： 还有其他风险防控措施吗？

秦秀平： 协会还有一个特色风险防控措施，就是为每一位借贷人免费购买保险。每年都会有个别贷款人发生意外的事件，这种情况会对正常的还贷产生影响。我们的信贷员往往要忙前忙后，用"感情"去感染对方家属按时还钱。后来我们就给贷款妇女和她们的丈夫一起购买了"小额信贷保险"，也就是人身意外险和疾病死亡险。若借款人发生意外，我们就出面同保险公司协商理赔事务。保险公司会先将借贷人的本金利息扣完，再把剩下的保险金打回给借款人。

黄奕雄：这个保险业务是保险公司本来就有的吗？

秦秀平：不是的。保险公司没有这样的保险，我们是看到以前发生了这种案例后主动找到保险公司，看是否能够开发这样的产品。最后保险公司为我们定制了这款保险。从目前理赔的情况看，保险公司应当属于不赔钱也不盈利。我们的客户量很大，所以县城这边的保险公司对我们的支持很多，它们的员工也很辛苦，需要一个一个手动录入信息，然后报到市里去。购买保险的方式能够帮助我们有效防范和处理此类事件，对于我们的客户来说，如果意外受伤也可以拿到保险金，对她们来说也是一种保障和帮助。

黄奕雄：我看到咱们这里有很多国内外各个机构颁发的奖杯和奖状，您个人也曾多次获得表彰。您认为协会是如何从多家中国公益小贷机构中脱颖而出的？

秦秀平：早期我们对外部信息不是很了解。2010 年，"国际计划"的一个员工告诉我们，协会业务属于公益范畴，建议我们去参加英国大使馆文化教育处的培训。当时的技能培训班要评选一个特等奖。我通过五分钟的演讲把协会讲得比较清楚，这也主要是因为我们机构的构架比较成熟，愿景和目标比较明确。这次活动之后，英国大使馆文化教育处就开始进一步了解我们协会，我们也是那个时候才了解什么是社会企业，也就是用商业的手段承担社会责任。它们还专门拍摄了纪录片对外播放，这样我们的影响力也就逐渐形成了。也是通过这次学习，我们一下开阔了眼界，机构目标、愿景更加清晰了。后来参加了更多类似的活动，我们就认识了更多公益同行，例如许多基金会和小额信贷专家。他们对于我们的发展也起到了很重要的作用。

黄奕雄：您觉得协会的快速发展和您个人的经历以及性格有关系吗？我发觉您是一个比较热情和乐于接受新鲜事物的人，并且具有领导力。

秦秀平：是有关系的。可能是因为以前工作的性质需要与人接触，我的性格也比较活泼。所以在与外部沟通方面，我的性格应该说帮了很多。从协会内部管理来看，以前在政府的经验让我了解到一个组织的发展，管理制度要首先跟上，这样员工才能跟上。现在，我已经退休了。目前的团队也已经建立好，员工都很敬业。新的人才总要培养出来，而现在的主要负责人也都是在协会工作十多年的老员工。协会各项制度早期是在"国际计划"的帮助下建立的，所以我们的业务标准，例如透明度等都达到了国际水准。现在其他各项制度也都比较健全，新团队应该没有问题。

黄奕雄：招聘过程中，您对应聘者有什么要求，或者说比较看重员工哪些素质？

秦秀平：我们面试有一个开放题就是让大家谈谈心目中的贫困妇女是怎么样的。让他们谈谈自己对于妇女现状的看法以及能想到的帮助方法。这样我们就能了解对方是否真的热爱妇女事业、是否有爱心。因为妇女既是弱势群体，又是贫困群体，所以一定要有爱心，这是第一个素质。第二个就是员工要有耐心。做我们这一行要比较耐烦，因为接触的妇女可能文化水平不高，很多东西，你解释很多次对方也不一定能懂。所以，基层工作要持之以恒地慢慢做。第三个素质就是要细心，你的账目、表表册册等要填写清楚，并和对方解释清楚。第四个素质是需要有责任心，我们要保障借款给我们的人的资金安全，做到安全放款、安全收款。第五个就是要善于发现社会底层的情况。有些人只管做业务，明明看到对方很困难，也不帮助。这种时候我们的员工应该向协会反映这些人的困难情况，看看我们的慈善工作是否能帮助到她们。另外，相比于其他公益小额信贷组织，我们对于员工的学历等要求更高。当然，相比于其他公益性组织，我们提供更为体面的薪酬福利。

黄奕雄：协会做的公益事业的很多方面都属于社会创新的一部分，你觉得协会所做的工作还有哪些积极影响？

秦秀平：我觉得协会的工作对于西乡县的金融发展还是有积极意义的。因为我们协会做的小额信贷，也就是普惠金融的部分以前农商行都不愿意做。但因为看到我们工作做得好、服务好、公益事业好，农商行也就开始做这些业务了。以前低于五万元的贷款，它们不做，现在两三万元也贷。甚至在担保流程上比我们还简单。所以，西乡金融机构这样的变革也算是受到了协会的影响。只是与我们相比，它们的流程比较慢，所以有些农村妇女不愿意去，而农村借款一般也都比较急。我听说这边银行开会的时候也会说："你们要向人家妇女协会学习的话，我们的业务早上去了。"我觉得这种良性竞争非常好。

黄奕雄：从您刚才提到的小额信贷加保险的模式，到现在的辐射带动金融业的变革，可以说咱们协会的创新能力很强。当前市场和学界有关于国内小额信贷的模式是否具有推广性的讨论，那您觉得协会的模式可推广吗？

秦秀平：我们的模式可以推广，都是现成的。我们协会已经运营了13 年，比较成熟，因为我们与实际相结合。我也考察过一些地方和机构，至少在汉中的 11 个县当中，文化语言的差异不是很大。从我的经验来看，协会如果能派一两个资深老员工过去，新的机构很快可以建立并且运转起来。模式推广主要还在于人。因为定下了方案和制度，派过去的人必须按照我们的方式去执行，模式完全是可以复制的。我们担心的是模式嫁接过去后完全走形，那么必然走不下去。我们的模式这么多年也在不停地学习和改革。

黄奕雄：通过这么多年的努力，您能体会到妇女发展有哪些方面的进步？

秦秀平：这个还是蛮多的。从妇女自身的角度来说，我们帮助过的妇女当中，有 14 名被选为妇女主任，有 20 多名进入了村两委班子，还有 8 名妇女当选了地方人大代表。数十位获得了中国小额信贷联盟、中国银行业协会、花旗银行的各种奖项。这些政治层面以及外部的认可是妇女发展工作的一个成果。我们的培训业务基本上可以让大多数妇女掌握一到两门技术，大多数人都能做一些短平快的项目，从以前的单一生产到现在的多种经营。我们培训的时候其实希望的是夫妻双方都能来参与，这样才能更好地让男性尊重女性。特别是女性做事认真刻苦，所以很多业务和家庭工作都做得很出色。在家庭地位方面，很多人真的有了翻天覆地的变化。另外就是，她们的精神面貌随着文化生活的增多而改善很多，家庭生活也更加和谐了。可以说很多妇女成了当地的致富带头人。例如我们有一位叫李文琴的贷款人白手起家开茶厂。她季节性最高可以创造 400 个用工，都是妇女。她也是我们培训后逐渐了解了"妇女带动妇女"的理念，认识到一个人富了不算什么，要把周边的妇女也带动起来。我们的客户包含了县上 40% 的精准扶贫对象。今年（2018 年）还获得了"全国农村金融十佳精准扶贫机构"称号，是所有机构中唯一一家社会组织。这些都是对我们工作的认可。

黄奕雄：您觉得身边的人，包括员工，是否也在逐渐改变对女性的刻板印象？

秦秀平：我们机构的目标就是要让农村妇女活得更有自尊和自信。所以员工入职协会的时候，我们就会告诉他们不能有重男轻女的思想，不要觉得贷款给男同志才放心。我给他们都上过社会性别这一课，要让他们了解生理性别与社会性别的差异。这样他们才知道我们对于男性和女性的看法是在各种制度中传递和巩固的。这样他们才能逐渐认可同样的工作男性和女性都能干。

黄奕雄：和您聊下来真能体会到协会所产生的经济影响和社会影响。特别是如果协会的模式能够得到推广，定会有更多的贫困妇女能够实现自我价值。非常感谢您接受我们的访谈，愿协会能够越办越好！

秦秀平：也谢谢你。

域外见闻

INTRODUCTION OF RESEARCH
INSTITUTION OVERSEAS

中国第三部门研究　第 18 卷
第 163～173 页
© SSAP, 2019

加拿大慈善组织发展探究

梁家恩*

摘　要： 加拿大慈善文化起源于原住民文化，后来英法移民将加拿大的慈善活动制度化。随着加拿大经济、政治、社会的发展，慈善组织逐渐发展成为维护加拿大社会稳定和弥补贫富差距的重要力量之一。加拿大对慈善组织的有效监管采用分散立法的形式，逐步形成一个以组织注册、税收优惠及接受资金支持为基础的制度框架。

关键词： 慈善组织　历史发展　制度框架　有效监管

在加拿大，慈善组织是一个狭窄的概念。有学者认为，加拿大对"慈善"的定义过于保守，会使得某些群体被排除在慈善地位之外（Phillips，2011）。比如说，多元文化和种族文化团体、社区广播组织等在其他普通法国家中被公认为是慈善机构，但在加拿大却并非如此（Broder，2001）。尽管普通法可以通过立法或司法裁决做出改变，但是

---

* 梁家恩，上海交通大学国际与公共事务学院公共管理学博士生，主要从事慈善组织方面的研究，E-mail：liangjiaen2014@ sina. com。

这样的改变在加拿大非常有限（Phillips，2001；Bridge，2002）。加拿大对"慈善"的定义是依据法院的判决。在英国，Pemsel 案为了解决"慈善"目的的分别，总结归纳出了四个条目，即"救济贫困"、"促进教育"、"促进宗教"和"有益于社群的其他目的"。由于第四个"有益于社群的其他目的"存在解释的空间，法院由此不断地扩展出新的慈善目的。英国慈善法体系的影响力并不局限于英国本土，而是影响着此后英美法系的各国，加拿大便是其中之一。

在加拿大，要注册慈善组织，必须向加拿大税务局（CRA）提出申请，申请人的目的必须符合 Pemsel 案所列的这四个目的之一。本文所提到的慈善组织仅指在加拿大税务局注册成立的组织。在本文中，笔者主要介绍加拿大慈善组织的历史发展、制度框架和有效监管，以期为国内学者提供一些参考。

一　加拿大慈善活动的历史发展

在英文世界里，"philanthropy"和"charity"常被用于翻译"慈善"一词。最早描述"慈善"的词是"charity"，强调对人的救济，多与教会的施舍行为相关。"philanthropy"更侧重社会公共利益，以及对人类生活品质的改善，而且涵盖的范围更广，不仅包括志愿组织、第三部门、非营利组织、慈善组织，也能描述人道主义、利他主义等（何莉君，2009）。在加拿大，常用"charity"指慈善组织。

（一）早期加拿大的慈善活动

加拿大最早的慈善活动发生在原住民中。"给予"和"分享"的概念已深深植根于原住民文化中，原住民为了生存而共享必需品，并向他人提供食物和其他物品，以此建立个人与组织之间的联系（Wells，1998；Berry，1999）。从加拿大的国民文化中，我们可以看出，加拿大不像美国的自由主义或个人主义，而是具有集体主义的取向（Horowitz，

1996）。正式的慈善活动始于 17 世纪第一批登陆加拿大的欧洲移民。后来，英法移民将加拿大的志愿活动制度化。

加拿大的志愿传统和慈善理念离不开英国慈善法律和宗教的影响。根据加拿大统计局 2013 年的数据，大约 2/3 的加拿大人认为自己是某种形式的基督徒。基督徒认同"感恩"理念，认为信徒应该感恩和回馈社会，才能累积善功。发源于宗教的慈善理念超越血缘、地缘、业缘，传达一种普遍的人文主义，被认为更容易产生现代公益。随后，宗教思想逐步通过学校的教育成为根植于人们心中的慈善理念和公益意识。同时，英国对慈善立法的理念和制度对加拿大的慈善理论和制度建构产生了深远影响（Payton & Moody，2008）。随着移民的壮大，加拿大慈善类组织也相应地发展壮大。从 20 世纪开始，加拿大政府开始向慈善类组织寻求帮助，并由政府出资，将部分服务社会的工作转交给慈善类组织。

（二）加拿大慈善活动的现状

在加拿大，并非所有的非营利组织都是慈善组织。只有"机构成立的目的是满足慈善目的、每年管理支出少于总收入 35%，每年有规定额度必须用于慈善活动或者符合条件的受益人"，并且在加拿大税务局获得批准后成立的组织才属于慈善组织。

在加拿大，有超过 16.1 万个非营利组织，这些非营利组织包括教会团体、社区组织等。① 在 16.1 万个非营利组织中，有超过 8.6 万家注册的慈善组织，其全职从业人员有 170 万人，为加拿大贡献了 12% 的就业率。其中，51% 是年收入少于 10 万加币的小机构，29% 为年收入在 10 万~50 万加币的机构。2018 年，加拿大慈善组织的捐赠总收入是214.9 亿加币。② 捐赠收入在加拿大慈善组织收入中所占比重不是最高

---

① 数据来源：Fraser Research，Donner Non-Profit Performance Report 2014。
② 数据来源：CanadaHelps，The Giving Report 2018。

的，仅为 7% 左右。菲莎研究所（Fraser Institute）一项关于慈善慷慨度的研究就 2006～2016 年加拿大个人税务申报数据的分析发现，加拿大的人口在增加，但捐赠比例从 2006 年的 24.6% 下降到 2016 年的 20.4%。[1] 另外一个趋势是，加拿大人的网络捐赠呈上升的趋势。2006～2015 年，个人网络捐赠者的数量每年稳步增加，直至 20.5%。

二 加拿大慈善组织的法律制度框架

加拿大没有专门针对慈善组织的立法，而是采取分散立法的模式。其形成的原因主要是：加拿大是"大社会、小政府"，政府的权力是有限的，其对经济、社会、文化的干预被控制在一个小范围内。政府对社会组织的态度是开放的。政府认为社会组织属于市民的私人领域。《加拿大宪法》由不同历史时期的宪法性文件组成，包括 1982 年加拿大议会通过并由英国女王批准的《加拿大宪法法案》。

目前，加拿大针对慈善事业的相关法律只有《加拿大宪法》、《联邦所得税法》和《统一慈善资金筹集法》。由于采用联邦体制，根据宪法，加拿大联邦和省之间进行了权力划分。各省政府对本省的医疗、教育、基础设施等方面具有规范权力，而税收权力则属于联邦政府。在实际的监管中，加拿大税务局是慈善组织的总监管者，各省也拥有监督慈善组织的权力。加拿大采取的是税务局负责监管慈善组织的做法，这可以追溯到 1867 年的《加拿大宪法法案》，该法授权各省对慈善组织进行监管。因此，联邦政府一直无法建立立法体制或行政程序来直接监管慈善组织及其他第三部门。但是，各省通常没有行使其权力，而是任由联邦政府通过联邦税务局及《联邦所得税法》涉入第三部门领域的监管工作。

---

[1] 数据来源：Fraser Research，Generosity in Canada and the United States：The 2018 Generosity Index。

（一）准入制度

联邦税务局及《联邦所得税法》对慈善组织最直接的干预是规定慈善组织注册的要求。在加拿大，成立一个慈善组织的条件是：只要你是一位加拿大居民、拥有 4 位负责人的团队、制订组织目标和活动计划，并按照加拿大税务局的要求填写表格和提供材料就行，在获得审批通过后就能成为正式的慈善组织。运营一个慈善组织并不容易，在日常运作中要遵守加拿大税务局的种种规定，比如需要更高透明度的信息公开、不能进行商业活动、需要进行严格的年度汇报等。

在加拿大，社会组织有五种类型，分别是非法人协会（unincorporated association）、信托基金（trust）、营利组织（for-profit corporation）、非注册的慈善组织（non-profit without charity registration）和注册的慈善组织（non-profit registered charity）。非法人协会（unincorporated association）不能是基金会性质的。信托基金（trust）受信托条款的约束，并且只能有一个受托人。营利组织（for-profit corporation）在此处不是指公司或企业，而是指"社会企业"，它的成立和运作都比非营利组织容易，它可以分股权，需要缴税，但没有官方的捐赠发票。特别说明的是，加拿大的非营利组织可以分为"非注册的慈善组织"和"注册的慈善组织"。慈善组织只有在加拿大税务局注册成立，并接受加拿大税务局的监管，才能被称为"慈善组织"。"非注册的慈善组织"和"注册的慈善组织"的区别分为以下几个方面。

如表 1 所示，注册的慈善组织与非注册的慈善组织均可获得税收优惠和政府的资助，但是只有注册的慈善组织可以接受捐赠并开具捐赠发票，享受商品、服务或物业退税。非注册的慈善组织可以参与商业/政治活动，其所受的限制较少。但是注册的慈善组织只有在获得允许后方可参与商业/政治活动。2009 年，联邦税务局发布了有关筹款的详细指南，其中特别说明了筹款活动和费用的要求，允许慈善组织将其款项资源的 10% 用于无党派政治活动。最近，有关这种支出形式的争议越来越多，导致政府指示联邦税务局收集有关慈善组织参与政治活动的更多信息。

表1　加拿大"非注册的慈善组织"和"注册的慈善组织"的区别

非营利组织		获得税收豁免	接受捐赠	开具捐赠发票	享受商品、服务或物业退税	商业/政治活动	活动限制
非注册的慈善组织		能	否	否	否	能	少
注册的慈善组织	慈善团体	能	能	能	能	获得许可后能	多
	慈善基金会（公共或私立）						

加拿大《联邦所得税法》将慈善组织界定为"慈善基金会"（charitable foundations）与"慈善团体"（charitable organizations）。在加拿大税务局看来，"慈善基金会"关注筹集善款以支持"慈善团体"的运作。"慈善团体"关注的是慈善行动的实施。慈善团体和公共慈善基金会获得许可后可以从事商业活动，而私立慈善基金会不允许从事商业活动。

加拿大联邦税务局中的慈善组织理事局（Charities Directorate）负责慈善组织的具体管理事务，包括慈善组织资格审定，为慈善组织提供咨询服务、技术支持等，处理慈善组织的审计事宜，对慈善组织的违法行为做出行动，等等。加拿大联邦税务局制定了 T3010 汇报表，这是所有慈善组织每年都需要递交的信息汇报表。通过 T3010 表格的填写，慈善组织需要证明自己当年在慈善活动中的开支情况等。慈善组织只有每年按时完成加拿大联邦税务局的审计要求，才能延续慈善组织的合法身份。

（二）税收优惠与资金支持

"慈善组织身份"认证是慈善组织从政府处获得的一种重要的合法性资源，获得了这种资源就相当于获得了间接的资金支持——税收豁免的权力和获得捐赠的权力。相比其他的社会组织，慈善组织是唯一能够获得捐赠的一种组织类型，因此，资金支持对慈善组织的作用更为直接。

政府的资金支持是影响慈善组织发展的一个重要因素。在加拿大，慈善组织的资金由四部分组成：政府支持、自身收入、捐赠收入、其他来源收入。在慈善组织的收入中，个人捐赠不是占比最高的，占比最高的是政府的资金支持，约占67%。政府通常以购买服务的方式与慈善组织进行合作。对于慈善组织来说，政府的支持资金能促进其有效和长久运作。对于政府来说，政府能够以实惠的价格买到更好的服务，从而推动政府不断提高服务质量和服务效率。政府与慈善组织既是相互依赖的关系，又是合作共赢的关系。

三　慈善资源的覆盖与有效监管

加拿大拥有8.6万个慈善组织，91%的慈善组织拥有不超过10名全职工作人员，但另外1%的慈善机构有超过200名全职工作人员，共拥有政府1.5亿加币的支持资金。[①] 加拿大时任总理贾斯汀·特鲁多在2017年的"小企业周"声明中指出，拥有1～200名全职员工的慈善组织超过3.5万个，占中小企业的3%。虽然3%不是一个大数目，但是慈善组织背后拥有超过5.1万名志愿者，对加拿大的经济发展和社会稳定起着重要的影响作用。慈善组织拥有丰富的人力资源和能力资源，在数量上可以协助政府更好地提供公共服务，在质量上能满足不同群体的服务需求。在加拿大，慈善组织对人们生活的影响无处不在，其影响的范围覆盖社会服务、文化艺术、教育、医疗、环境等（见图1）。

概括而言，加拿大在发展社会组织上遵循多元主义的思想，强调社会组织自由竞争的重要性；其在对慈善组织的治理上，采用了以市

---

① 数据来源：CanadaHelps, The Giving Report 2018。

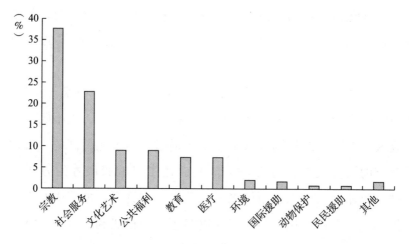

图 1 加拿大慈善组织覆盖领域及其占比

数据来源：CanadaHelps，The Giving Report 2018.

场竞争为基础的原则。政府一方面对慈善组织进行监管，另一方面注重保护慈善组织的相对独立性，并不限制相同类型组织的成立，为慈善组织之间的竞争提供保障。尽管加拿大没有对慈善组织进行单一立法，而是采用分散的法律对慈善组织进行监管，但是政府在处理慈善组织的问题上很少采用行政手段，而是直接采用司法渠道进行处理。省司法部长有权对违法的慈善组织提起诉讼，联邦税务局有权依法撤销慈善组织的资格，处罚由法院判定。被起诉者可以通过司法渠道提出申诉。

在治理中，加拿大政府充当了"审计员"的角色。慈善组织的准入审查、年度审查、税收政策的实施都可以由联邦税务局完成。在资源支持上，加拿大政府与慈善组织同样是采取项目制的形式，原则也比较简单，即"谁的项目，对谁负责"，避免出现多重负责或者无人负责的尴尬局面（见图 2）。加拿大的政党不存在对慈善组织的监管作用，慈善组织甚少与政治活动扯上联系。如果各级政府在与慈善组织的合作过程中发现慈善组织有违法行为，则可以通过司法途径解决，最终由联邦税务局负责对慈善组织的撤销。

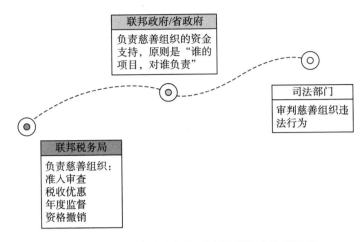

图 2　加拿大政府单线条的"审计员"式治理模式

三　结论

　　加拿大社会是由政府、市场和第三部门共同组成的，三方力量均衡，相互依赖。加拿大政府对慈善组织的治理更像是宽松式治理，为慈善组织开展慈善活动提供保护政策。政府对慈善组织采取宽松化治理，目的是为其合法的税收优惠资格给予特殊保护。

　　在加拿大，第三部门是一个庞大的部门，政府的治理理念是"监管的有限性"，因此在政府体系中设置的监管机关并不多。从目前的情况来看，"单线条治理"没有妨碍政府慈善治理的有效性，而且在一定程度上避免了由于监管部门重合带来的互相推诿问题。这种单线条慈善治理模式，有其高效的一面，也会因其宽松的管理导致一些慈善负面现象。Aptowitzer（2009）认为加拿大当前的慈善组织注册和税务监管系统不适合慈善组织，慈善组织被迫在一个并非为之设计的工作系统中运作，应该把各省的力量加入对慈善组织的监管而不是仅靠联邦税务局。由于注册程序简单，在同一年里，申请注册成立的慈善组织与因不合格而被注销的慈善组织之比有时候接近2∶1。而且，越来越多的组织认为，获得慈善注册的行政成本远远超过了慈善注册的收益（Eakin & Graham，2009）。于是出现了慈善组织与非慈善组织的合作，这种做法的支持者认为这样可以提高工作效率。但是慈善/非慈善伙伴关系的做法挑战了志愿部门及其治理的许多方面，比如质疑了：慈善组织注册程序的有效性、慈善组织的普通法定义，可以从事慈善工作的人、可以使用慈善资金的人、志愿部门如何合作，加拿大联邦税务局的作用，等等（Ramsundarsingh，2017）。

需要指出的是，加拿大慈善组织的竞争是市场化的，自身擅长的服务领域是最重要的砝码。在对慈善组织的监管中，加拿大注重的是"市场逻辑"，把关注点放在了"准入宽松"和"过程监督"。

【参考文献】

何莉君，2009，《慈善为何——读〈理解慈善——意义及其使命〉》，《开放时代》第 4 期，第 149～154 页。

徐家良、侯志伟，2013，《中国慈善体制改革的三重路径及其演进逻辑——基于三个案例的比较分析》，《北京行政学院学报》第 3 期，第 28～32 页。

褚蓥，2018，《伦理体中的慈善——驳公民公益论》，《公共管理与政策评论》第 2 期，第 14～24 页。

Aptowitzer, A. 2009. "Bringing the Provinces Back In-Creating a Federated Canadian Charities Council." Commentary C. D. Howe Institute, p. 300.

Berry, M. L. 1999. "Native-American Philanthropy: Expanding Social Participation and Self-Determination." in Council on Foundations (ed.), *Cultures of Caring: Philanthropy in Diverse American Communities*, Washington, DC: Council on-Foundations, pp. 50 – 70.

Bridge, Richard. 2002. "The Law Governing Advocacy by Charitable Organizations: The Case For Change." *The Philanthropist* 17 (2), pp. 2 – 33.

Broder, Peter. 2001. *The Legal Definition of Charity and Canada Customs and Revenue Agency Charitable Registration Process.* Toronto: Canadian Centre for Philanthropy.

Eakin, L. , & Graham, H. 2009. "Canada's Non-profit Maze: A Scan of Legislation and Regulation Impacting Revenue Generation in the Non-profit Sector. " Toronto, ON: Wellesley Institute.

Horowitz, G. 1996. "Conservatism, Liberalism, and Socialism in Canada: An interpretation. " *Canadian Journal of Ecnomic and Political Science* 32 (2), pp. 143 – 171.

Payton, R. L. and Moody, M. P. 2008. *Understanding Philanthropy: Its Meaning and Mission.* Bloomington: Indiana University Press.

Phillips, Jim. 2001. "The Federal Court of Appeal and the Legal Meaning of Charity: Review and Critique. " in Jim Phillips, Bruce Chapman and David Stevens, *Between State and the Economy: Essays on Charities Law and Policy in Canada*, Montreal and Kingston: McGill-Queen's University Press.

Phillips. 2011. "Incrementalism at Its Best, and Worst in Canada: Regulatory Reform Andrelational Governance in Canada. " in Susan Phillips and Steven Rathgeb Smith, *Governance and Regulation in the Third Sector-International Perspectives*, New York: Routledge.

RamsundarsinghS. 2017. "An Exploration of Charity/Non-Charity Partnerships in Canada. " *Canadian Journal of Nonprofit and Social Economy Research*, 8 (1), pp. 52 – 70.

Wells, R. A. 1998. *The Honor of Giving: Philanthropy in Native America. Indianapolis.* IN: Indiana University Centre on Philanthropy.

稿约及体例

  《中国第三部门研究》（China Third Sector Research）由上海交通大学国际与公共事务学院、上海交通大学中国公益发展研究院、上海交通大学第三部门研究中心主办，上海交通大学中国公益发展研究院院长、上海交通大学第三部门研究中心主任徐家良教授担任主编，是社会科学文献出版社出版的 CSSCI 来源集刊，每年出版 2 卷，第 1 卷（2011年 6 月）、第 2 卷（2011 年 11 月）、第 3 卷（2012 年 6 月）、第 4 卷（2012 年 12 月）、第 5 卷（2013 年 8 月）、第 6 卷（2013 年 12 月）、第 7 卷（2014 年 6 月）、第 8 卷（2014 年 12 月）由上海交通大学出版社公开出版。从第 9 卷开始由社会科学文献出版社出版，现已经出版到17 卷（2019 年 6 月）。

  本刊的研究对象为第三部门，以建构中国第三部门发展的理论和关注现实问题为己任，着力打造第三部门研究交流平台。本刊主张学术自由，坚持学术规范，突出原创精神，注重定量和定性的实证研究方法，提倡建设性的学术对话，致力于提升第三部门研究的质量。现诚邀社会各界不吝赐稿，共同推动中国第三部门研究的发展。

  《中国第三部门研究》设立四个栏目："主题论文"、"书评"、"访谈录"、"域外见闻"。"主题论文"栏目发表原创性的理论和实证研究文章；"书评"栏目发表有关第三部重要学术专著评述的文章；"访谈录"栏目介绍资深学者或实务工作者的人生经历，记录学者或实务工作者体验第三部门研究和实践活动的感悟。"域外见闻"栏目介绍境外第三部门研究机构和研究成果。

《中国第三部门研究》采用匿名审稿制度，以质取文，只刊登尚未公开发表的文章。

来稿请注意以下格式要求：

一、学术规范

来稿必须遵循国际公认的学术规范，类目完整，按顺序包括：中英文标题、作者姓名、工作单位和联系方式、中英文摘要及关键词、正文、引注和参考文献。

（一）标题不超过 20 字，必要时可增加副标题。

（二）作者：多位作者用空格分隔，在篇首页用脚注注明作者简介，包括工作单位、职称、博士学位授予学校、博士学位专业、研究领域、电子邮箱。

（三）摘要：简明扼要提出论文的研究方法、研究发现和主要创新点，一般不超过 300 字。

（四）关键词：3—5 个，关键词用分号隔开。

（五）正文：论文在 8000—15000 字，书评、访谈录、域外见闻 2000—8000 字。

（六）作者的说明和注释采用脚注的方式，序号一律采用"①、②、③……"，每页重新编号。引用采用文内注，在引文后加括号注明作者、出版年份，如原文直接引用则必须注明页码，详细文献出处作为参考文献列于文后，以作者、书（或文章）名、出版单位（或期刊名）、出版年份（期刊的卷期）、页码排序。文献按作者姓氏的第一个字母依 A－Z 顺序分中、英文两部分排列，中文文献在前，英文文献在后。作者自己的说明放在当页脚注。

（七）数字：公历纪元、年代、年月日、时间用阿拉伯数字；统计表、统计图或其他示意图等，也用阿拉伯数字连续编号，并注明图、表名称；表号及表题须标注于表的上方，图号及图题须标注于图的下方，例："表 1……"、"图 1……" 等；"注" 须标注于图表下方，以句号结尾；"资料来源" 须标注于 "注" 的下方。

（八）来稿中出现外国人名时，一律按商务印书馆出版的《英文姓名译名手册》翻译，并在第一次出现时用圆括号附原文，以后出现时不再附原文。

二、资助来源

稿件如获基金、项目资助，请在首页脚注注明项目名称、来源与编号。

三、权利与责任

（一）请勿一稿数投。投稿在 2 个月之内会收到审稿意见。

（二）文章一经发表，版权即归本刊所有。凡涉及国内外版权问题，均遵照《中华人民共和国著作权法》及有关国际法规执行。

（三）本刊刊登的所有文章，如果要转载、摘发、翻译、拍照、复印等，请与本刊联系，并须得到书面许可。本刊保留法律追究的一切权利。

四、投稿

《中国第三部门研究》随时接受投稿，来稿请自备副本，一经录用，概不退稿。正式出版后，即送作者当辑集刊 2 册。期刊已采用线上投稿系统，具体可以登录 dsbm. cbpt. cnki. net 进行投稿操作（如有问题，请联系邮箱 cts@ sjtu. edu. cn）。

五、文献征引规范

为保护著作权、版权，投稿文章如有征引他人文献，必须注明出处。凡投稿者因违反法律法规规定或其他原因导致的知识产权、其他纠纷等问题，本刊保留法律追究和起诉的权利。本书遵循如下文中夹注和参考文献格式规范。

（一）文中夹注格式示例

（周雪光，2005）；（科尔曼，1990：52 ~ 58）；（Sugden，1986）；

（Barzel，1997：3－6）。

（二）中文参考文献格式示例

曹正汉，2008，《产权的社会建构逻辑——从博弈论的观点评中国社会学家的产权研究》，《社会学研究》第 1 期，第 200～216 页。

朱晓阳，2008，《面向"法律的语言混乱"》，中央民族大学出版社。

詹姆斯·科尔曼，1990，《社会理论的基础》，邓方译，社会科学文献出版社。

阿尔多·贝特鲁奇，2001，《罗马自起源到共和末期的土地法制概览》，载徐国栋主编《罗马法与现代民法》（第 2 卷），中国法制出版社。

（三）英文参考文献格式示例

North，D. and Robert Thomas. 1971．"The Rise and Fall of the Manorial System：A Theoretical Model."The Journal of Economic History，31（4），777－803.

Coase，R. 1988. The Firm，the Market，and the Law. Chicago：Chicago University Press.

Nee，V. and Sijin Su. 1996．"Institutions，Social Ties，and Commitment in China's Corporatist Transformation."In McMillan J. and B. Naughton（eds.），Reforming Asian Socialism：The Growth of Market Institutions. Ann Arbor：The University of Michigan Press.

六、《中国第三部门研究》联系地址方式

上海市徐汇区华山路 1954 号

上海交通大学徐汇校区新建楼 123 室

上海交通大学中国公益发展研究院

上海交通大学第三部门研究中心

邮　编：200030　　　电　话：021－62932258

联系人：张　圣　　　手　机：13122935153

致 谢

管兵（中山大学）、黄晓星（中山大学）、马剑银（北京师范大学）、马庆钰［中共中央党校（国家行政学院）］、吴新叶（华东政法大学）、叶托（华南理工大学）、周俊（华东师范大学）为《中国第三部门研究》第17卷进行匿名评审，对他们辛勤、负责的工作表示衷心的感谢！

CHINA THIRD SECTOR RESEARCH

Vol. 18 (2019)

Table of Contents & Abstracts

Articles

Abstract: The United Kingdom is one of the first countries to Practice industrialization and develop elderly care services. The development of social entrepreneurship in elderly care services has been worked for many years. This case study paper focuses on "Age UK", which is one of the best character and typical elderly care services, for further describing analysis. From the perspective of its market operation and public welfare mission, the study links its organizational structure from homes, communities to local aging life scenes, The analysis shows "Age UK" integrates its promotes of resources from government, society, markets, families and individuals, to other social enterprise as well as to make the organizational operation practices and governance development This case study Provides us the another way to work on elderly care services Industry from social enterprise way which could be more sustainability.

Keywords：Age UK；social enterprises；elderly care services；resource dependence

Does the Position Setting Affect the Turnover Intention of Social Workers？—An questionnaire survey Study of M City

Qu Shaoxu　Li Zhenxin / 21

Abstract：Following the improvement of social governance in China, the developing of social workers are constantly stronger. At the same time, the talent losing of social workers also become more serious than before. This paper focuses on the internal organization of social organization, determines the position setting as an important influencing factor of social workers' departure, as well as finds the following conclusions from the analysis：The knowledge and skills of training program affect the social worker's turnover intention, the training effect and the attitude of the unit leaders to the training did not have a significant relationship with the social worker's departure. In terms of office affairs, the degree of handling office affairs has a significant impact with the willingness to leave social workers. In terms of service development, the type of job has a significant impact on the willingness to leave the social worker. The length of the job has no significant impact on the social worker's willingness to leave. In terms of resource links, the degree of participation in social affairs has no significant impact with the willingness to leave social workers. Based upon the finding of the study, the social work turnover rate would be reduced by strengthening the training of job-specific, improving the matching of positions and skills, as well as clarifying the boundaries of job responsibilities.

Keywords：job position setting；social worker；turnover intention

A Research of Inspiration for China on the Governance of Mixed Habitation in Suburban Countryside Area in Japan

Wang Meng   Deng Guosheng / 45

Abstract: In Japan's suburban countryside area, the mixed habitation of the agricultural population and non-agricultural population becomes a common phenomenon. As a lot of non-farm elements merge into suburban countryside area, a special regional community has formed, which is different from typical traditional rural and urban communities. The finding of the analysis of the case demonstrates that the key for the governance of mixed habitation in suburban countryside area in Japan lies in the division and combination of the regional resident organizations which help maintain both the community's private sphere characteristics of traditional rural society and construct public sphere with inclusivity and openness to achieve an amalgamation of the old and new residents in the shared sphere. The organized governance of mixed habitation society in suburban countryside area in Japan provides inspirations for a good urbanization and rural-urban integration example for China.

Keywords: suburban countryside; mixed habitation society; organized governance

A Research on the Internal Organizational Structure of University Foundations in China

Yin Jie / 65

Abstract: The socialization of higher education has gradually improving, and many university foundations have had unprecedented opportunities. The Pareto effect is characterized by its imbalance and non-linearity, which is in keeping with the issue of fundraising of the University Foundation. From literature analysis, the study finds that the organizational structure of university foundations is closely relates to the efficiency of fundraising, and that raising the efficiency of fundraising requires lean and efficient professional teams. University Principles and chief fundraisers are key factors for those out-comes. Simplifying the processes can increase the efficiency of fundraising. Re-organizing the key organizational structure elements according to the develop-ment stage helps to improve team effectiveness. Universities should expand the scope of influence of the key factors. The organizational structure can be adjus-ted in different level of the team then the efficiency of fundraising can be en-hanced through the joint efforts of the decision-making level, operation level, and supervisory level.

Keywords: university foundation; pareto principle; organization struc-ture; improvem-ent Strategy

The Triple Domain and Turn of Internet Participation in Social Govern-ance—based on technology, structure and system

Zhu Zhiwei / 79

Abstract: Following the development of the network society, the basic value and role of Internet participation in social governance has become a com-mon consensus. How could people play the effectiveness of internet participa-tion in social governance in a better way? This issue need to be further clari-fied. Through research, it found that no matter what kinds of practice form, technology, structure, and institution is the basic fields of Internet participa-tion in social governance determines by the characteristics of the internet and the basic connotation of social governance. It contains the practical logic and subject relationship. In order to maintain the persistence of the internet's partic-ipation in the effective value of social governance, it is necessary to promote the further data analysis and expand the secondary space for the internet partici-pation by using information technology to shape the organizational structure of the post-bureaucratic and use multiple times to match technology supply as well as demand to promote institutional change in social governance.

Keywords: internet; social governance; internet; technology; government structure; political system

Abstract: As an important platform for governance coordination and social supervision, the third-party evaluation organizations are not only influence implement government purchasing service system and dredge the cooperation between government and social organizations, but also measure the performance of purchasing services and enhance the credibility of social organizations. Based upon the author's experiences in the government purchasing service evaluation in S city, the author finds the third-party evaluation organizations coincide with the third domain governance in terms of concept, goal, mission, and action logic. However, the third-party evaluation organizations have multiple deviations in practice: under the vertical policy-driven logic, involution is more than empowerment, endorsement is more than recognition, technology is more than professional; At the same time, the third-party evaluation organizations also tend to become different function of orientations such as survival, tools, and professional alienation presented under the horizontal organization's spontaneous logic. It makes third-party evaluation organizations become the government' tool of governance and difficult to reflect the third-party attributes of independent, fair, and objective role, which is closely related to the structural constraints, legality limits, professional deficiencies, and weak social recognition faced by the third-party evaluation organizations. Therefore, re-clarifying the third-party evaluation organization's positioning, ensuring the basis of legitimacy, raising the level of specialization, and enhancing social identity and participation should be the way to promote effective development of the third-party evaluation organizations.

Keywords: the third-party evaluation; the third domain governance; dual development logic; structural dilemma

BOOK REVIEW

INTERVIEWS

INTRODUCTION OF RESEARCH INSTITUTION OVERSEAS

图书在版编目（CIP）数据

中国第三部门研究. 第 18 卷 / 徐家良主编. -- 北京：
社会科学文献出版社，2019.12
ISBN 978 - 7 - 5201 - 5904 - 3

Ⅰ.①中… Ⅱ.①徐… Ⅲ.①社会团体 - 研究 - 中国
Ⅳ.①C232

中国版本图书馆 CIP 数据核字（2019）第 288410 号

中国第三部门研究 第 18 卷

主　　编／徐家良

出 版 人／谢寿光
组稿编辑／杨桂凤
责任编辑／胡庆英

出　　版／社会科学文献出版社·群学出版分社（010）59366453
　　　　　地址：北京市北三环中路甲 29 号院华龙大厦　邮编：100029
　　　　　网址：www.ssap.com.cn
发　　行／市场营销中心（010）59367081　59367083
印　　装／三河市东方印刷有限公司

规　　格／开　本：787mm×1092mm　1/16
　　　　　印　张：12.5　字　数：172 千字
版　　次／2019 年 12 月第 1 版　2019 年 12 月第 1 次印刷
书　　号／ISBN 978 - 7 - 5201 - 5904 - 3
定　　价／89.00 元